KB247820

朝日 신문사설 일본어

저자 모 세 종(언어학박사)

시사일본어사

머
리
말

　신문이란 모든 분야에서 현재와 호흡하고 있는 최고의 관심사를 국민에게 전달하는 매체로, 국민이 알고자 하는 또 알아야 할 정보를 제공하고, 나아가 어떤 사안에 대한 국민의 여론을 수렴하여 그에 대해 우리가 지향해야 할 방향을 모색하여 제시하는 등 아주 중요한 역할을 하고 있다. 이 책에서 다루고 있는 신문의 사설은 단순한 정보의 전달이 아니라 그 시점에서 가장 중요하게 생각되는 사안에 대한 논평이 주된 내용으로, 문장이 논리 정연하고 우리에게 시사하는 바가 크다. 특히 국제화된 세계에서 일본 언론이 말하고 있는 내용에서 우리들이 생각해 보아야 할 점은 많을 것이다. 이 책을 저술하게 된 것은 일본어 학습은 물론, 일본에 대한 지식과 일본언론의 모습을 생각해 보기 위해서이다.

　신문에는 한자가 가득하고 문장도 회화체나 일반 문장에서 접하지 못한 표현들이 많이 나온다. 즉 신문에는 논설조의 문장체적 표현도 많지만, 반대로 지나치게 시사적이거나 신생어가 많아 아직 사전에 나오지 않는 용어나 표현도 나오며, 이해하기 힘든 부분도 많다. 하지만 그런 표현들이 걱정할 만큼 많은 것은 아니기 때문에 공부해 보면 크게 어렵지는 않을 것이다.

　신문에는 우리가 부담스러워 하는 한자가 있다. 일본어 학습자들이 모두 일본어는 한자가 어렵다고 말한다. 즉 다양하게 읽혀지는 일본어 한자가 우리에게는 어렵게 느껴지는 것이다. 물론 일본어에 익숙해지지 않아 당연한 일일지도 모르지만 일본어를 하다 보면 자연스럽게 알게 되는 것이 또한 한자이다. 즉 많은 한자어를 익히다 보면, 이치를 몰라도 한자음에 대한 대강의 규칙은 습득하게 될 것이다.

　신문에서 우리는 시사적인 내용을 접하면서 그에 대한 지식과 상식을 알게 되며, 전문적인 용어의 고급 일본어를 구사하는데 필요한 주옥같은 표현들을 익힐 수 있게 된다. 고급 일본어를 구사하기 위해서는 외국인 학습자를 위해 일부러 만든 표현만을 공부하는 것으로는 부족하다. 시작 단계에서의 초급용 교재에서는 어쩔 수 없지만, 자연스럽고 교양 있는 일본어를 말하기 위해서는, 일본의 신문, 소설, 잡지 등을 자연스럽게 읽고 말할 수 있어야 하는 것이다.

일본어 능력을 알아보기 위해서는 일본의 신문을 읽어 보면 좋다. 즉 일본어의 능력은 그 읽기에서 알아볼 수 있다. 일반적으로 영어는 읽을 수 있어도 해석을 못하는 경우가 많지만, 일본어는 대충 해석은 할 수 있어도 읽지 못하는 경우가 많기 때문이다.

바른 언어 구사는 발음에 있는 것인데, 일본어 발음 중에는 특히 청탁음, 장단음, 촉음, 발음 등이 문제다. 이것도 주로 한자어에서 많이 관계되는 부분이므로 한자어가 대부분인 신문을 바르게 읽는다는 것은 일본어를 바르게 잘 하는 것이다.

이 책은 일본 아사히(朝日)신문 사설 중에서 정치, 경제, 사회 등의 각 분야에서 내용이 좋은 것을 골고루 골라, 그 언어학적 해설을 한 것이다.

사설 전문을 그대로 실어 중요한자를 제시하고 본문의 중요한 단어 표현 구문 등을 아주 자세하게 해설하였다.

또한 이 책은, 일본어 학습에서 배워야 할 모든 표현들이 거의 다 나와 있고, 또한 이들이 아주 쉽게 해설되어 있기 때문에, 초급 수준을 살짝 넘은 학습자라면 누구나 쉽고 재미있게 접할 수 있으리라 생각한다. 이 책을 마스터하게 되면 아마 일본의 어떤 신문을 읽더라도 전혀 문제될 일이 없을 것이다. 이젠 사전에서 모르는 단어만 찾으면 모든 것을 해결할 수 있을 정도의 실력으로 향상될 것이다.

일본 신문을 읽게 되면 일본인의 사고방식이나 문제의식 등을 접할 수 있어, 우리가 지향해야 할 바를 시사해 주는 등, 언어 외적인 지식이나 교양, 상식 등을 얻게 될 절호의 기회가 될 것이다.

저자는 앞으로도 본서의 미비한 부분을 계속 보완해 갈 것이며, 일본 신문을 읽고자 하는 일본어 학습자들에게 많은 도움이 되도록, 내용의 선택과 해설을 연구하여 좀더 유익한 책으로 만들어갈 생각이다.

2002. 3. 1 연구실에서

저자 모 세 종

차례

裁判に新しい息吹を

01

(1998.1.9)

「時間と金がかかり、手続きも面倒だ」と長年批判されてきた裁判が、大きく変わろうとしている。民事裁判のルールを全面的に見直した新民事訴訟法が、今月から施行された。七十年ぶりの改革である。

身近で利用しやすい裁判にするために、新法に盛り込まれた新しい取り決めや工夫は多岐にわたっている。

たとえば、三十万円以下の金銭をめぐる争いについて、審理を一回で終わらせ、即日判決を出す「少額訴訟手続き」が導入された。裁判所が提出を命じることができる文書の範囲を広げるなどして、証拠を集めやすくした。テレビ会議の仕組みを使って遠隔地の証人調べも可能になった。

争点を整理する方法を三通り用意し、事件の内容や性質に応じて使い分けられるようにしたのも、今回の改革の大きな柱のひとつだ。争点が早い段階で明確になれば、集中的に証人から話を聞いて、判決も早く言い渡すことができる。

こうした手続きを活用しながら、裁判所がリーダーシップを発揮して、迅速な裁判を実現するのは当然のことだ。

しかし言うまでもないが、双方の意見を十分聞かないまま、争点の一部を切り捨てたり、証人の数や尋問時間をことさらに制限したりすれば、当事者には「裁判官は言い分を聞いてくれなかった」という不満が残るにちがいない。

まして新法では、最高裁が重要な法律事件に専念できるよう、これまで事実上フリーパスだった上告が制限される。説得力のない判決は裁判の信頼を損ね、かえって司法離れを招くことになりかねない。

当事者に対するちょっとした気遣いや、言い分に耳を傾ける心のゆとりなど、判決に至る指揮運営の能力がこれまで以上に求められることを、裁判官は肝に銘じなければならない。「自分の全人格が試されている」という自覚をもって、審理にのぞんでもらいたい。

その意味でも、裁判所は人材の育成に一層力を入れる必要がある。最近の裁判官の社会性のなさや人間的な幅の狭さを懸念する声は、内部からもよく聞かれる。本当にそうなのか。だとしたら、どこに問題があるのか。司法試験や修習、採用のあり方にまでさかのぼって点検すべきだ。

　一方、弁護士の責任も重大だ。これまでは、一、二カ月に一度、さみだれ式に開かれる口頭弁論に出席し、相手方と書面を取り交わすのが裁判の基本型だった。

　ところが今後は、事前に準備を重ね、全体像を把握したうえで、争点に即した争いをしなければならない。遅すぎる証拠の提出は認められないし、相手方の証拠の収集にも誠意をもってこたえる必要がある。負担はかなり重くなるだろう。

　多くの弁護士は「裁判が遅いのは裁判官の数が少ないからだ」と批判してきた。裁判官の増員は必要だ。しかし、弁護士が新法の内容を理解し、審理の迅速化に前向きに取り組まなければ、裁判官の人数をただ増やしても、事態は改善されない。弁護士の意識改革が求められているのだ。

　法律が新しくなっても、それに即した実務が根づかず、裁判を敬遠する風潮が続けば、示談屋や暴力団の介入はなくならないだろう。結果として迷惑を受けるのは一般の市民ということになる。

　膨大な労力をかけて一新した民事裁判の手続きが、本当に利用者のためのものになるかどうか。新しい命を吹き込むのは、法律家の責務である。

裁判 재판	民事 민사	訴訟 소송	施行 시행	金銭 금전
審理 심리	判決 판결	少額 소액	導入 도입	遠隔 원격
争点 쟁점	発揮 발휘	迅速 신속	双方 쌍방	尋問 심문
上告 상고	信頼 신뢰	司法 사법	指揮 지휘	人材 인재
育成 육성	修習 수습	口頭 구두	弁論 변론	書面 서면
事前 사전	把握 파악	増員 증원	介入 개입	責務 책무

1. 裁判に新しい息吹を

　재판에 새로운 숨결을

　　⊛ 息吹(いぶき) ① 숨, 호흡, 숨결　② 활력, 생기, 기운

2. 手続きも面倒だと長年批判されてきた裁判が、大きく変わろうとしている。

　절차도 번거롭다고 오랜 동안 비판받아 온 재판이, 크게 바뀌려고 하고 있다.

　　⊛ 手続(てつづ)き 절차, 수속　　⊛ 面倒(めんどう)だ 귀찮다, 번거롭다
　　⊛ 長年(ながねん) 오랜 기간, 오랜 동안　　⊛ 変(か)わる 바뀌다, 변하다
　　☞ ～される 구문연구 23 참조　　☞ ～(よ)うとする 구문연구 101 참조

3. ルールを全面的に見直した新民事訴訟法が、

　룰을 전면적으로 재검토한 새 민사소송법이,

　　⊛ 見直(みなお)す ① 다시보다, 재검토하다, 달리보다 (타동사)
　　　　　　　　　　② 나아지다, 호전되다 (자동사)

　　例文 作文の材料を見直し、主題として訴えたいことをはっきりさせよう。

　　작문의 재료(소재)를 다시 보고, 주제로서 호소하고 싶은 바를 확실히 하자.

　　最近になって、木の良さをもう一度見直そうという動きが出てきた。

　　최근 들어, 나무의 좋은 점을 다시 한번 재검토하자는 움직임이 나왔다.

　　治療を始めてから病人の容態はだんだん見直してきた。

　　치료를 시작하고 나서 환자의 용태(상태)는 점점 나아졌다.

　　政府の発表した案が市場に評価され、相場は見直した。

　　정부가 발표한 안이 시장의 평가를 받아, 시세가 호전되었다.

4. 七十年ぶりの改革である。

　70년만의 개혁이다.

　　⊛ ～ぶり ～만의

5. 身近で利用しやすい裁判にするために、

가깝고 이용하기 쉬운 재판으로 하기 위해,

- ◈ 身近(みぢか) 가까움, 관계가 깊음　　☞ 〜やすい 구문연구 100 참조
- ☞ 〜にする 구문연구 78 참조　　☞ 〜ため 구문연구 35 참조

6. 新法に盛り込まれた新しい取り決めや工夫は多岐にわたっている。

새 법에 포함된 새로운 결정이나 연구는 여러 갈래에 걸쳐 있다.

- ◈ 盛(も)り込(こ)む 담다, 포함시키다
- ◈ 取(と)り決(き)め 결정, 계약, 약속
- ◈ 取(と)り決(き)める 결정하다, 약속하다

例文 練習試合の日時を取り決めるのもマネージャーの仕事だ。

연습 시합의 일시를 결정하는 것도 매니저의 일이다.

- ◈ 工夫(くふう) 궁리, 고안, 연구　　◈ 多岐(たき)にわたる 여러 갈래에 걸치다
- ◈ 渡(わた)る 건너다, 살아가다, 돌아가다, 미치다

例文 横断歩道は、左右をよく見て渡ってください。

횡단보도는, 좌우를 잘 보고 건너세요.

世の中には、要領よく世を渡る人も多いです。

세상에는, 요령 있게 세상을 살아가는 사람도 많습니다.

賞品が全員に渡るようにたくさん用意しました。

상품이 전원에게 돌아가도록 많이 준비했습니다.

- ☞ 〜(ら)れる 구문연구 105 참조

7. 金銭をめぐる争いについて、審理を一回で終わらせ、

금전을 둘러싼 분쟁에 관하여, 심리를 한번에 끝나게 하고,

- ◈ 巡(めぐ)る 돌다, 둘러싸다, 에워싸다

例文 この物語は主人公を巡る五人の女性の目を通して描かれている。

이 이야기는 주인공을 둘러싼 다섯 여인의 눈을 통하여 묘사되어 있다.

川は古城の周囲をぐるりと巡って、再び下流で大河に合流していた。

강은 고성의 주위를 한바퀴 돌고, 다시 하류에서 큰 강에 합류하고 있었다.

❀ 争(あらそ)い 다툼, 싸움, 분쟁

❀ 争(あらそ)う 다투다, 경쟁하다, 맞서다, 싸우다

例文 国と国が争う戦争がこの世から絶えたためしがない。

나라와 나라가 싸우는 전쟁이 이 세상에서 끊긴 전례가 없다.

二人は高校時代、いつも首席を争った仲間だそうだ。

둘은 고교 시절, 언제나 수석을 다툰 사이라고 한다.

次の試合で、ぼくのチームは優勝候補と勝負を争うことになった。

다음 시합에서, 우리 팀은 우승 후보와 승부를 다투게 되었다.

☞ ~について 구문연구 81 참조　　☞ ~(さ)せる 구문연구 20 참조

---

8. 即日判決を出す少額訴訟手続きが導入された。

당일 판결을 내는 소액 소송 절차가 도입되었다.

❀ 即日(そくじつ) 당일

---

9. 裁判所が提出を命じることができる文書

법원이 제출을 명할 수 있는 문서

❀ 裁判所(さいばんしょ) 재판소, 법원　　❀ 命(めい)じる 명하다

☞ ~ことができる 구문연구 13 참조

---

10. 範囲を広げるなどして、証拠を集めやすくした。

범위를 확대하는 등 (그렇게)하여, 증거를 모으기 쉽게 했다.

❀ 広(ひろ)げる 넓히다, 확장/확대하다　　☞ ~などする 구문연구 71 참조

11. テレビ会議の仕組みを使って遠隔地の証人調べも可能になった。

텔레비전 회의의 구조를 이용하여 원격지의 증인 조사도 가능하게 되었다.

❀ 仕組(しく)み 구조, 시스템　　☞ ～になる 구문연구 83 참조

12. 争点を整理する方法を三通り用意し、

쟁점을 정리하는 방법을 세 가지 준비하여,

❀ 用意(ようい)する 준비하다　　☞ ～通(とお)り 구문연구 58 참조

13. 内容や性質に応じて使い分けられるようにしたのも、

내용이나 성질에 따라 나누어 사용할 수 있도록 한 것도,

❀ 応(おう)じる 응하다, 따르다

例文　市役所は市民の要望に応じて、速やかに対策を講じてほしい。

시청은 시민의 요망에 따라, 신속하게 대책을 강구했으면 좋겠다.

記者のインタービューに応じて、選手は試合への抱負を語った。

기자의 인터뷰에 응하여, 선수는 시합에 대한 포부를 말했다.

うちの美容院では、どんな難しい髪型の注文にも応じられます。

우리 미용실에서는, 어떤 어려운 머리 형태의 주문에도 응할 수 있습니다.

❀ 使(つか)い分(わ)ける 나누어 사용하다, 구별/구분하여 사용하다

☞ ～ようにする 구문연구 102 참조

14. 今回の改革の大きな柱のひとつだ。

이번 개혁의 커다란 기둥의 하나다,

❀ 柱(はしら) 기둥

15. 早い段階で明確になれば、…判決も早く言い渡すことができる。

빠른 단계에서 명확하게 되면, …판결도 빨리 언도할 수 있다,

❀ 言(い)い渡(わた)す 언도하다　　☞ ～ば 구문연구 89 참조

16. こうした手続きを活用しながら、

이런 절차를 활용하면서

- ❀ こうした〜 이런〜
- ☞ 〜ながら 구문연구 69 참조

17. しかし言うまでもないが、双方の意見を十分聞かないまま、

하지만 말할 필요도 없지만, 쌍방의 의견을 충분히 듣지 않은 채,

- ❀ 十分(じゅうぶん) 충분히(＝充分)
- ☞ 〜までもない 구문연구 97 참조
- ☞ 〜まま 구문연구 98 참조

18. 争点の一部を切り捨てたり、…尋問時間をことさらに制限したり
すれば、

쟁점의 일부를 잘라버리거나, …심문 시간을 일부러 제한하거나 하면,

- ❀ 切(き)り捨(す)てる 잘라 버리다, 베어 버리다
- ❀ ことさら ① 일부러, 고의로(＝わざわざ)
-           ② 특별히(＝とりわけ)
- ☞ 〜たり〜たりする 구문연구 37 참조

19. 裁判官は言い分を聞いてくれなかったという不満が残るにちがいない。

판사는 주장을 들어주지 않았다고 하는 불만이 남음에 틀림없다.

- ❀ 言(い)い分(ぶん) 할 말, 주장, 불만
- ❀ 〜てくれる 구문연구 45 참조
- ☞ 〜にちがいない 구문연구 80 참조

20. まして新法では、最高裁が重要な法律事件に専念できるよう、

하물며 새 법에서는, 대법원이 중요한 법률 사건에 전념할 수 있도록,

- ❀ まして 하물며
- ❀ **最高裁(さいこうさい)** 최고재판소, 대법원
- ☞ 〜よう 구문연구 102 참조

21. 説得力のない判決は裁判の信頼を損ね、

설득력이 없는 판결은 재판의 신뢰를 손상하고,

❂ 損(そこ)ねる 해치다, 손상하다

22. かえって司法離れを招くことになりかねない。

오히려 사법 이탈을 초래하게 될 지도 모른다,

❂ かえって 반대로, 역으로, 오히려, 도리어(말하는 이가 기대나 의도하고 있던
　　　　　　것과 반대의 결과일 때 사용)

例文 タクシーに乗(の)ったのに、渋滞(じゅうたい)のせいでかえって遅(おそ)くなってしまった。
　　　택시를 탔는데도, 차가 밀리는 바람에 오히려 늦고 말았다.
　　　本(ほん)を読(よ)めと、あんまり強制(きょうせい)されると、かえって本(ほん)が嫌(きら)いになるものだ。
　　　책을 읽으라고 너무 강제적으로 하면 오히려 책이 싫어지는 법이다.
　　　高価(こうか)なものだからといって遠慮(えんりょ)するのは、かえって失礼(しつれい)になることもある。
　　　비싼 것이라고 해서 사양하면, 도리어 실례가 되는 일도 있다.

❂ ～離(ばな)れ ～이탈, ～에서 멀어짐　　❂ 招(まね)く 부르다, 초래하다
☞ ～ことになる 구문연구 16 참조　　☞ ～かねない 구문연구 8 참조

23. 当事者に対するちょっとした気遣いや、言い分に耳を傾ける心の
ゆとり　당사자에 대한 약간의 배려나, 주장에 귀를 기울이는 마음의 여유

❂ ちょっとした～ ① 대수롭지 않은, 사소한, 약간의　② 괜찮은, 상당한
❂ 気遣(きづか)い 배려, 마음씀씀이　　❂ 傾(かたむ)ける 기울이다, 쏟다
❂ ゆとり 여유　　☞ ～に対(たい)して 구문연구 81 참조

24. 判決に至る指揮運営の能力がこれまで以上に求められることを、

판결에 미치는 지휘 운영의 능력이 지금까지 이상으로 요구되는 것을,

❂ 至(いた)る 이르다, 미치다

例文　歳末は至るところ人出でにぎわう。

연말에는 도처에 사람들로 북적댄다.

事ここに至っては策の施しようがない。

일이 여기에 이르러서는 대책을 강구할 수가 없다.

末期のガンは、現在の医学では死に至る病である。

말기의 암은, 현재의 의학으로는 죽음에 이르는 병이다.

幸いに大事に至る前に発見できて、大騒ぎにならずにすんだ。

다행히 큰일이 나기 전에 발견되어, 큰 소동없이 끝났다.

※ 求(もと)める　구하다, 찾다, 요구하다

---

25. 裁判官は肝に命じなければならない。

판사는 명심해야 한다.

※ 肝(きも)に命(めい)じる　가슴에 새기다, 명심하다
※ 肝(きも)　간, 마음, 담력

例文　夕べの地震には肝をつぶした人が多かったようだ。

지난 밤 지진에는 간이 콩알만해진 사람이 많았던 것 같다.

肝の小さい人間にはそんな大それたことはできないだろう。

담력이 작은 사람은 그런 엄청난 일은 못할 것이다.

☞ ～なければならない　구문연구 70 참조

---

26. 全人格が試されているという自覚をもって、審理にのぞんでもらいたい。

전인격이 시험받고 있다는 자각을 가지고, 심리에 임했으면 한다.

※ 試(ため)す　시험하다, 시험해보다
※ 臨(のぞ)む　① 향하다, 면하다　② 임하다, 대하다　③ 당면하다, 즈음하다

例文　私の生まれた所は、東海に臨んだ小さな漁村だった。

내가 태어난 곳은, 동해에 면한 작은 어촌이었다.

弁護側の予想どおり、検察側は被告に対し、厳罰で臨んできた。
변호측의 예상대로, 검찰측은 피고에 대해, 엄벌로 임해 왔다.

倒れた兵士は、死に臨んで故国に残した妻子への言葉をたくした。
쓰러진 병사는, 죽음에 이르러 고국에 남긴 처자에 대한 말을 부탁했다.

☞ ～たい 구문연구 32 참조　　☞ ～てもらいたい 구문연구 54 참조

27. 裁判所は人材の育成に一層力を入れる必要がある。
법원은 인재 육성에 한층 힘을 쏟을 필요가 있다.

❋ 一層(いっそう) 한층　　❋ 力(ちから)を入(い)れる 힘을 쏟다

28. 裁判官の社会性のなさや人間的な幅の狭さを懸念する声は、
판사의 사회성 결여나 인간적인 여유의 협소함을 걱정하는 소리는,

❋ 幅(はば) 폭, 넓이, 여유　　❋ 懸念(けねん)する 걱정하다
☞ ～さ 구문연구 17 참조

29. 本当にそうなのか。だとしたら、どこに問題があるのか。
정말로 그런 것인가? 그렇다면, 어디에 문제가 있는 것인가?

❋ だとしたら 그렇다면
☞ ～な(の) 구문연구 72 참조　　☞ ～たら 구문연구 36 참조

30. 司法試験や修習、採用のあり方にまでさかのぼって点検すべきだ。
사법 시험이나 수습, 채용의 전반적인 모습에까지 거슬러 올라가 점검해야 한다.

❋ あり方(かた) 본연의 자세, 모습　　❋ さかのぼる 거슬러 올라가다
☞ ～方(かた) 구문연구 5 참조　　☞ ～べき 구문연구 93 참조

31. 一方、弁護士の責任も重大だ。

한편, 변호사의 책임도 중대하다.

❀ 一方(いっぽう) 한편

32. さみだれ式に開かれる口頭弁論に出席し、

단속적으로 열리는 구두 변론에 출석하여,

❀ さみだれ式(しき) 단속적, 파상적(五月雨(さみだれ) 음력 5월 경의 장마비)
❀ 開(ひら)く 열다, 개최하다

33. 相手方と書面を取り交わすのが裁判の基本型だった。

상대방과 서면을 주고 받는 것이 재판의 기본형이었다.

❀ 相手方(あいてかた) 상대방　　❀ 取(と)り交(か)わす 주고 받다, 교환하다
❀ ～型(がた) ～형, 타입　　・基本型(きほんがた) 기본형
・最新型(さいしんがた) 최신형　　・努力型(どりょくがた) 노력형

34. ところが今後は、事前に準備を重ね、全体像を把握したうえで、

그런데 앞으로는, 사전에 준비를 거듭하여, 전체상을 파악한 뒤에,

❀ 今後(こんご) 앞으로
❀ 重(かさ)ねる ① 겹치게 하다, 포개다, 쌓아 올리다　② 거듭하다, 반복하다

例文 寒くてたまらないので、下着を何枚も重ねて着た。
추워 참을 수가 없어서, 내의를 여러 장 겹쳐 입었다.
博士は研究に研究を重ねて新薬の開発に成功した。
박사는 연구에 연구를 거듭하여 신약 개발에 성공했다.

☞ ～(た)うえで 구문연구 2 참조

35. 争点に即した争いをしなければならない。

쟁점에 입각한 싸움을 하지 않으면 안 된다.

❊ 即(そく)する 딱 들어맞다, 꼭 맞다, 입각하다

例文 現代人には、時代に即した生き方が要求される。

현대인에게는, 시대에 맞는 삶의 방식이 요구된다.

この小説は作者の身近な経験に即して書かれたものだという。

이 소설은 작가의 주변에 있는 경험에 입각하여 쓰여진 것이라고 한다.

調査の結果、これまでの定説は事実に即していないことが判明した。

조사 결과, 지금까지의 정설은 사실에 맞지 않았음이 판명되었다.

---

36. 遅すぎる証拠の提出は認められないし、

지나치게 늦는 증거 제출은 인정받을 수 없고,

❊ 認(みと)める 인정하다

❊ ～すぎる 구문연구 28 참조　　❊ ～し 구문연구 24 참조

---

37. 負担はかなり重くなるだろう。多くの弁護士は

부담은 꽤 무거워질 것이다, 많은 변호사는

❊ 多(おお)くの～ 많은～　　❊ ～だろう 구문연구 38 참조

---

38. 審理の迅速化に前向きに取り組まなければ、

심리의 신속화에 긍정적으로 임하지 않으면

❊ 前向(まえむ)き 앞을 향함, 적극적임, 긍정적임

❊ 取(と)り組(く)む 맞붙다, 대전하다, 몰두하다, 임하다

例文 行司の合図で両力士が取り組みます。

심판의 신호로 두 씨름 선수가 맞붙습니다.

冬休みは、三国志という本に取り組むつもりだ。

겨울 방학에는, 삼국지라는 책에 몰두할 생각이다.

真剣に仕事に取り組む彼の姿は、とてもたのもしく見えた。

진지하게 일에 임하는 그의 자세는, 매우 믿음직스러워 보였다.

彼女は貪るような勢いで学問に取り組み、知識を吸収していった。

그녀는 탐하는 듯한 기세로 학문에 몰두하여, 지식을 흡수해 갔다.

39. 裁判官の人数をただ増やしても、事態は改善されない。

판사의 인원수를 그저 늘려도, 사태는 개선되지 않는다.

- 人数(にんずう) 인원수, 사람수
- 増(ふ)やす 늘리다, 증가시키다

40. それに即した実務が根づかず、

그에 맞는 실무가 뿌리를 내리지 않고,

- 根(ね)づく 뿌리를 내리다
- ～ず 구문연구 26 참조

41. 示談屋や暴力団の介入はなくならないだろう。

해결사나 폭력단의 개입은 없어지지 않을 것이다.

- 示談(じだん) 분쟁을 재판에 붙이지 않고 당사자끼리 해결하는 일
- 示談屋(じだんや) 해결사
- ～屋(や) ① ～하는 가게 ② ～하는 사람
  - 米屋(こめや) 쌀가게/장수
  - 花屋(はなや) 꽃가게
  - 焼肉屋(やきにくや) 불고기집
  - 薬屋(くすりや) 약국
  - 魚屋(さかなや) 생선가게/장수
  - 八百屋(やおや) 채소가게
  - 質屋(しちや) 전당포

42. 結果として迷惑を受けるのは一般の市民ということになる。

결과적으로 피해를 입는 것은 일반 시민이 된다.

- 迷惑(めいわく)を受(う)ける 피해를 입다
- ～として 구문연구 62 참조
- ～ということ 구문연구 56 참조

43. 膨大な労力をかけて一新した民事裁判の手続きが、

방대한 노력을 들여서 일신한 민사 재판의 절차가,

※ 膨大(ぼうだい) 방대
※ 労力(ろうりょく) 노력　・努力(どりょく) 노력
※ かける (돈/시간/노력을)들이다

44. 本当に利用者のためのものになるかどうか。

정말로 이용자를 위한 것이 될지 어떨지,

※ ～ためのもの ～을 위한 것　☞ ～かどうか 구문연구 7 참조

45. 新しい命を吹き込むのは、法律家の責務である。

새로운 생명을 불어넣는 것은, 법률가의 책무이다,

※ 吹(ふ)き込(こ)む 불어넣다, 취입하다

2 やはり金融の分離が必要だ

02

(1998.1.18)

　省庁再編で残された大蔵省の財政と金融の分離が大詰めを迎えている。

　もともと一昨年の暮れの自民、社民、さきがけの与党三党合意では、「財政と金融の分離を明確にする」とされていた。

　さきがけは、「完全分離」の主張が受け入れられなければ、与党離脱も辞さない構えだ。そうなると与党の枠組みが崩れる。しかし、大蔵省改革は当面の政局を超えた重要な問題をはらんでいる。

　私たちは、行政改革を骨抜きにせず金融改革(ビッグバン)を成し遂げるためには、財政を担当する大蔵省から、少なくとも国内金融にかかわる部門を分離しなければならないと思う。

　ところが、山一証券や北海道拓殖銀行の経営破たんをきっかけに、自民党内で、「性急な分離は、当面の金融不安に拍車をかける」として、財政と金融の分離に反対する意見が強くなっている。

　たとえば、こんな声がある。

　金融機関の破たん処理には公的資金が必要だ。それを円滑に投入するには、財政を担当する大蔵省に金融行政も一元的に担当させた方が機動的に対応できる。

　この問題は、二十一世紀のこの国の行政組織はいかにあるべきかという視点で考えるべきだ。目先の金融不安におびえ、中長期的な政策をゆがめてはならない。また、当面の金融破たん処理を公正に進めるうえでも、財政と金融の分離が望ましい。

　新たに設立される金融監督庁は、日ごろから個別の金融機関を監視する。そして、問題が起きると、一定の基準で業務を制限する「早期是正措置」を発動する。

　経営が破たんした場合には、預金保険機構が乗り出して預金者の保護にあたる。不測の事態が起きて資金繰りに困れば、日本銀行が融通すればよい。

　預金保険機構の資金が底をつき、公的資金が必要になれば、監督庁や日銀が財政を担う大蔵省に要請して、財政資金(税金)を投入する。予算措置が必要となるので、国会の審議を経て決定される。

　公的資金が欠かせないからといって、金融と財政を同じ役所が担当して、税金の投入を安易に決められては困る。逆に、当面の財政負担を少なく見せかけるために、政府保証や財政投融資といった手段に走れば、財政の規律を失いかねない。

　金融当局と財政当局を引き離し、お互いに牽制し合う仕組みにすれば、国民の目にさらされ、政治の不当な介入も防げる。さらに、公的資金の投入に頼らざるを得なくなった金融機関の経営責任や行政の監督責任も問いやすくなる。

　バブル経済や住宅金融専門会社(住専)の破たん処理の苦い経験から、もっと学ばなければならない。円高不況後の内需拡大策として低金利政策に頼りすぎなければ、バブル経済の傷はもっと浅くて済んだはずだ。住専問題を引き起こした金融界と行政の責任を問い、不良債権を公正に処理していれば、税金投入は避けられただろう。

　目先のつじつまを優先し、住専の経営失敗のつけを財政に回す。財政規律は失われ、日本の金融市場は世界から取り残された。そんな不明朗な行政がまかり通ったのは、利害の相反する財政と金融を、大蔵省が一元的に担っているからだ。

　行政改革はもちろん、ビッグバンを円滑に進めるためにも、大蔵省改革による金融行政の分離は不可欠である。それが国際的な流れでもある。

　自民党は、さきがけの主張をいれ、三党合意を守らなければならない。

再編 재편	財政 재정	離脱 이탈	政局 정국	部門 부문
拓殖 탁식	破綻 파탄	性急 성급	円滑 원활	投入 투입
行政 행정	公正 공정	業務 업무	是正 시정	措置 조치
発動 발동	機構 기구	保護 보호	融通 융통	税金 세금
安易 안이	規律 규율	牽制 견제	不当 부당	不況 불황
内需 내수	債権 채권	利害 이해		

본문해설

1. 省庁再編で残された大蔵省の財政と金融の分離が大詰めを迎えている。성청 재편으로 남겨진 대장성의 재정과 금융의 분리가 최종 단계를 맞이하고 있다.

- 省庁(しょうちょう) 성청 (우리 정부의 부처에 해당함)
- 大蔵省(おおくらしょう) 대장성 (우리 나라의 재경부와 같은 부서)
- 大詰(おおづ)め 대단원, 마지막 장면, 최종 단계, 막판, 막바지
- 迎(むか)える 맞이하다

2. もともと一昨年の暮れの自民、社民、さきがけ
원래 재작년 연말의 自民、社民、さきがけ

- もともと 원래, 본래
- 一昨年(いっさくねん) 재작년
- 暮(く)れ 해질 무렵, 연말

3. 主張が受け入れられなければ、与党離脱も辞さない構えだ。
주장이 받아들여지지 않으면, 여당 이탈도 불사할 태세다.

- 受(う)け入(い)れる 받아들이다
- 辞(じ)さない 불사하다, 사양하지 않다
- 辞(じ)する 물러나다, 떠나다, 사퇴하다, 거절하다

例文 彼女を守るためなら、死をも辞さぬ覚悟です。
그녀를 지키기 위해서라면, 죽음도 불사할 각오입니다.

病気を機に教職を辞し、文筆活動に専念した。
병을 계기로 교직을 사퇴하고, 문필 활동에 전념했다.

疲れがひどかったので、友人の誘いを辞して帰宅した。
너무 피곤했기 때문에, 친구의 권유를 거절하고 귀가했다.

※ 構(かま)え 구조, 자세, 태세

※ 構(かま)える ① 꾸미다, 짓다   ② 자세를 취하다, 태도를 보이다

例文 彼は苦労の末やっと表通りに自分の店を構えるまでになった。

그는 고생 끝에 겨우 큰길에 자신의 가게를 갖게까지 되었다.

ガンの群れを見つけると猟師は鉄砲を構えて静かに狙いを定めた。

기러기 무리를 발견하자 사냥꾼은 총 쏠 자세를 취하고 조용히 겨냥을 했다.

後一球、ぼくは今度こそヒットだぞと心に決めてバットを構えた。

앞으로 일구, 나는 이번에야말로 안타라고 마음먹고 배트자세를 취했다.

一ノ谷に陣を構えた平家は、源氏の奇襲に遭い、たちまち敗走した。

이찌노타니에 진을 친 平家는 源氏의 기습을 만나, 순식간에 패주했다.

4. そうなると与党の枠組みが崩れる。

그렇게 되면 여당의 틀이 무녀진다.

※ 枠組(わくぐ)み 틀, 테두리   ※ 崩(くず)れる 무너지다, 붕괴하다

☞ ～と 구문연구 55 참조

5. 当面の政局を越えた重要な問題をはらんでいる。

당면 정국을 넘은 중요한 문제를 내포하고 있다.

※ 越(こ)える 넘다, 초월하다

※ はらむ 임신하다, 새끼를 배다, 내포하다, 품다

6. 行政改革を骨抜きにせず、金融改革(ビッグバン)を成し遂げるためには

행정 개혁을 알맹이를 빼지 않고, 금융 개혁을 이루기 위해서는

※ 骨抜(ほねぬ)き 뼈를 발라냄, 알맹이를 뺌, 골자를 뺌

※ 成(な)し遂(と)げる 완수하다, 이루다, 이룩하다

7. 少なくとも国内金融にかかわる部門を

적어도 국내 금융에 관계하는 부문을

* 少(すく)なくとも 적어도　　* 関(かか)わる 관계되다

8. 拓殖銀行の経営破たんをきっかけに

탁식은행의 경영 파탄을 계기로

* きっかけ 계기

9. 性急な分離は、当面の金融不安に拍車をかけるとして、

성급한 분리는, 당면한 금융 불안에 박차를 가한다고 하여,

* 拍車(はくしゃ)をかける 박차를 가하다

10. それを円滑に投入するには、

그것을 원활하게 투입하기 위해서는

* 円滑(えんかつ)に 원활하게, 원활히
* ～には 구문연구 84 참조

11. 行政組織はいかにあるべきかという視点で考えるべきだ。

행정 조직은 어떻게 되어야 하는가 라는 시점에서 생각해야 한다,

* いかに 어떻게

12. 目先の金融不安におびえ、中長期的な政策をゆがめてはならない。

눈앞의 금융 불안에 떨어, 중장기적인 정책을 왜곡해서는 안 된다,

* 目先(めさき) 눈앞, 목전
* おびえる 무서워하다, 겁내다, 떨다
* ゆがめる 비뚤어지게 하다, 일그러뜨리다, 왜곡하다

例文 貧困が 私 の性格を暗くゆがめていた。

빈곤이 내 성격을 어둡고 비뚤어지게 하고 있었다.

傷口に 消 毒液をつけると、患者はちょっと顔をゆがめた。

상처 자리에 소독액을 바르자, 환자는 조금 얼굴을 일그러뜨렸다.

⊛ ゆがむ 비뚤어지다, 일그러지다

例文 テレビが故 障 して、画面がゆがんで見える。

텔레비전이 고장나서, 화면이 일그러져 보인다.

ぼくが母に反抗したとき、母の顔が悲しそうにゆがんだ。

내가 어머니에게 반항했을 때, 어머니의 얼굴이 슬픈 듯이 일그러졌다.

妹 は汚れて 形 もゆがんでしまったぬいぐるみの人 形 を抱いて

ねる。 여동생은 때가 타고 형태도 비뚤어져 버린 봉제 인형을 안고 잔다.

☞ 〜てはならない 구문연구 51 참조

13. 処理を公正に進めるうえでも、財政と金融の分離が望ましい。

처리를 공정히 진행함에 있어서도, 재정과 금융의 분리가 바람직하다.

⊛ 進(すす)める 앞으로 나아가게 하다, 진척시키다, 진행하다/시키다

⊛ 望(のぞ)ましい 바람직하다　　☞ 〜(る)うえで 구문연구 2 참조

14. 新たに設立される金融監督庁は、日ごろから個別の金融機関を監視する。 새로이 설립되는 금융감독청은, 평상시부터 개별 금융기관을 감시한다.

⊛ 新(あら)たに 새로이

⊛ 日(ひ)ごろ 평소, 평상시, 늘

15. 預金保険機構が乗り出して預金者の保護にあたる。

예금보험기구가 나서서 예금자의 보호에 임한다.

⊛ 乗(の)り出(だ)す 나서다, 착수하다

⊛ あたる 맞다, 적중하다, 부딪히다, 들이치다, 받다, 쐬다, 당첨되다

　　당하다, 대전하다, 대하다, 성공하다, 해당하다, 임하다

例文 天気予報が当たり、夕方から雨が降ってきた。

일기예보가 맞아, 저녁부터 비가 내리기 시작했다.

直接本人に当たって詳しい事情を聞いてみよう。

직접 본인을 만나 상세한 사정을 들어보자.

彼女の勘がぴたりと当たり夕方から雪になった。

그녀의 감이 딱 맞아 저녁부터 눈이 내렸다.

少女はまま母につらくあたられ、毎日涙を流した。

소녀는 계모가 고통스럽게 대해, 매일 눈물을 흘렸다.

少し夜風に当たって、コンサートの興奮を冷まして帰ろう。

조금 밤바람을 쐬어, 콘서트의 흥분을 식히고 돌아가자.

あまり親に口答えばかりしていると、いまに罰が当たるよ。

너무 부모에게 말대꾸만 하고 있으면, 머지않아 벌을 받을 것이다.

---

16. 不測の事態が起きて資金繰りに困れば、日本銀行が融通すればよい。

예측 불허의 사태가 일어나 자금 조달에 곤란하면, 일본은행이 융통하면 된다.

- ❀ 不測(ふそく) 예측 불허, 예측할 수 없음
- ❀ 資金繰(しきんぐ)り 자금 변통, 자금 조달
- ❀ 融通(ゆうずう)する 융통하다　☞ ~ばよい 구문연구 89 참조

---

17. 預金保険機構の資金が底をつき、

예금보험기구의 자금이 바닥을 드러내,

- ❀ 底(そこ)をつく 바닥을 드러내다, 바닥을 치다

---

18. 監督庁や日銀が財政を担う大蔵省に要請して、

감독청이나 일본은행이 재정을 담당하는 대장성에 요청하여,

- ❀ 日銀(にちぎん) 일본은행
- ❀ 担(にな)う 짊어지다, 메다, 떠맡다, 지다, 담당하다

例文 宿に着き、肩に担った荷を下ろして一息ついた。

숙소에 도착해, 어깨에 맨 짐을 내리고 한숨을 돌렸다.

イエスは処刑のため石の多い道を十字架を担って歩いた。

예수는 처형때문에 돌이 많은 길을 십자가를 짊어지고 걸었다.

彼女は会社の重要な任務を担ってアメリカに出張するそうだ。

그녀는 회사의 중요한 임무를 떠맡고 미국에 출장간다고 한다.

19. 公的資金が欠かせないからといって、

공적 자금을 빠뜨릴 수 없다고 하여,

⊛ 欠(か)かせない 빠뜨릴 수 없다, 빼놓을 수 없다

⊛ 欠(か)かす 빠뜨리다, 거르다, 빼다

例文 毎日欠かさず日記をつけていると、文章力も少しずつ養われていく。

매일 빠뜨리지 않고 일기를 쓰고 있자면, 문장력도 조금씩 길러져 간다.

☞ ～からといって 구문연구 10 참조

20. 税金の投入を安易に決められては困る。

세금 투입이 쉽게 결정되서는 곤란하다,

⊛ 安易(あんい)に 안이하게, 쉽게 　　☞ ～ては 구문연구 49 참조

21. 逆に、当面の財政負担を少なく見せかけるために、

반대로, 당면한 재정 부담을 적게 꾸며 보이기 위해,

⊛ 逆(ぎゃく)に 역으로, 거꾸로, 반대로

⊛ 見(み)せかける 그럴듯하게 꾸며 보이다

例文 彼は行くように見せかけて、実は行かなかった。

그는 갈 것처럼 보이고, 실은 가지 않았다.

この事件は自殺に見せかけた殺人事件だと思う。

이 사건은 자살로 가장한 살인 사건이라고 생각한다.

22. 財政投融資といった手段に走れば、財政の規律を失いかねない。
재정투융자라고 하는 수단으로 치닫으면, 재정 규율을 잃어버릴지도 모른다.

 ❋ 手段(しゅだん)に走(はし)る 수단으로 치닫다　　❋ 失(うしな)う 잃다
 ☞ ～といった ＋ 명사 구문연구 57 참조

23. 金融当局と財政当局を引き離し、お互いに牽制し合う仕組みにすれば、
금융당국과 재정 당국을 분리하여, 서로 견제하는 구조로 하면,

 ❋ 引(ひ)き離(はな)す 떼어놓다, 분리하다　　❋ お互(たが)いに 서로
 ☞ ～あう 구문연구 1 참조

24. 国民の目にさらされ、政治の不当な介入も防げる。
국민의 눈에 드러나, 정치의 부당한 개입도 막을 수 있다.

 ❋ 目(め)にさらされる 눈에 드러나다, 공개되다
 ❋ さらす 햇볕에 쬐다, 비바람을 맞히다, (여러 사람)눈에 띄게 하다, 드러내다

 例文 子供に羽をむしられた蝶が無惨な姿をさらしていた。
 아이에게 날개를 뜯긴 나비가 무참한 모습을 드러내고 있었다.
 事務室のカーテンが強い日にさらされて色があせてしまった。
 사무실의 커텐이 강한 햇볕에 쬐여 색이 바래버렸다.
 遺体を埋葬せずに、さらしておく風潮が行われている国もある。
 시체를 매장하지 않고, 사람 눈에 띄게 내놓는 풍조가 행해지고 있는 나
 라도 있다.

 ❋ 防(ふせ)ぐ 막다　　☞ ～(え)る 구문연구 4 참조

25. さらに、公的資金の投入に頼らざるを得なくなった金融機関
나아가, 공적 자금 투입에 의지하지 않을 수 없게 된 금융기관

 ❋ さらに ①그 위에, 나아가, 더욱 더　② 다시, 거듭
 ❋ 頼(たよ)る 의지하다　　☞ ～ざるをえない 구문연구 22 참조

26. 経営責任や行政の監督責任も問いやすくなる。

경영 책임이나 행정의 감독 책임도 묻기 쉬워진다.

❋ 問(と)う 묻다

27. バブル経済や住宅金融専門会社(住専)の破綻処理

거품 경제나 주택금융 전문회사(주전)의 파탄 처리

❋ バブル 버블, 거품
❋ 住専(じゅうせん)(＝ 住宅金融専門会社) 주택금융 전문회사

1970년 대에 은행, 농협계, 금융기관 등이 모체가 되어 설립된 논뱅크로 1996년
에 해산되었다. 버블 경제기에 투자한 부동산으로 불량 채권을 안게 되어 모체은
행이 압박을 받게 되고, 결국 금융 위기를 초래하게 되었다.

28. 苦い経験からもっと学ばなければならない。

쓴 경험에서 좀더 배워야 한다.

❋ 学(まな)ぶ 배우다

29. バブル経済の傷はもっと浅くて済んだはずだ。

거품 경제의 상처는 좀더 가볍게 끝났을 것이다.

❋ 済(す)む 완료하다, 끝나다, (해결)되다

例文 送る方法を工夫すれば、郵送料は千円で済むと思う。

보내는 방법을 궁리하면, 우송료는 천엔으로 해결되리라 생각한다.

こんな所に落書きして、謝って済むと思っているのか。

이런 곳에 낙서하고, 사죄해서 끝난다고 생각하고 있는 거야?

七夕祭りが済むと、人々は短冊のついた竹を川に流す。

칠월칠석 축제가 끝나면, 사람들은 短冊가 붙은 대나무를 강에 흘려 보낸다.

戦争が済むまで二人とも生きていられたらその時には結婚しよう。

전쟁이 끝날 때까지 두사람 모두 살아있다면 그때에는 결혼하자.

☞ ～て済(す)む 구문연구 48 참조　　　☞ ～はずだ 구문연구 91 참조

30. 住専問題を引き起こした金融界と行政の責任を問い、

주전 문제를 일으킨 금융계와 행정의 책임을 물어,

❀ 引(ひ)き起(お)こす 일으키다

31. 公正に処理していれば、税金投入は避けられただろう。

공정하게 처리했더라면, 세금 투입은 피할 수 있었을 것이다.

❀ 避(さ)ける 피하다

32. 目先のつじつまを優先し、住専の経営失敗のつけを財政に回す。

눈앞의 계산을 우선하여, 주전 경영 실패의 책임을 재정으로 돌린다.

❀ つじつま ① 조리, 이치 ② 계산　　❀ つけ 계산서, 청구서, 외상

❀ 回(まわ)す 돌리다

33. 日本の金融市場は世界から取り残された。

일본의 금융 시장은 세계에서 뒤처지게 되었다.

❀ 取(と)り残(のこ)す 남겨두다, 떼놓다, 처지게 하다

❀ 取(と)り残(のこ)される 혼자 남겨지다, 뒤떨어지다, 뒤처지다

例文　時代に取り残されないためにコンピューターの勉強をしている。

시대에 뒤떨어지지 않기 위해서 컴퓨터 공부를 하고 있다.

友だちはみんな帰って、教室には私一人だけが取り残された。

친구는 모두 돌아가고, 교실에는 나 혼자만이 남겨졌다.

34. そんな不明朗な行政がまかり通ったのは、

그런 석연치 않은 행정이 버젓이 통용된 것은,

❀ 不明朗(ふめいろう) 공정치 못함, 부정함, 석연치 않음

❀ まかり通(とお)る (태연하게)지나가다, 버젓이 통과하다

35. 利害の相反する財政と金融を、

이해가 상반되는 재정과 금융을,

⊛ 相反(あいはん)する 상반되다

36. 大蔵省改革による金融改革の分離は不可欠である。

대장성 개혁에 의한 금융 개혁의 분리는 불가결하다,

⊛ ～による ～에 의하다/따르다

37. それが国際的な流れでもある。

그것이 국제적인 흐름이기도 하다,

⊛ 流(なが)れ 흐름　　☞ ～でもある 구문연구 53 참조

38. 三党合意を守らなければならない。

3당 합의를 지켜야 한다,

⊛ 守(まも)る 지키다

3 新大統領の二つの挑戦

(1998.2.26)

🎧 03

韓国の第十五代大統領に、金大中氏が就任した。与野党の政権交代が、民主的な直接選挙で実現した。

「民主主義と経済を同時に発展させる政府が初めて誕生した。真の『国民の政府』である」。同氏は就任演説で宣言した。

その行く手には、二つの大きな課題が横たわっている。一つは、この国がかつて経験したことのない経済危機の克服であり、もう一つは、過去のどの大統領も実現できなかった南北の和解と協力の促進である。新大統領の挑戦が始まる。

再建に必要な国民の理解

金大中氏は、当選が決まったあと、国際通貨基金(IMF)との合意を尊重すると表明した。経済危機は、韓国政府と日米欧の銀行団が短期債務の繰り延べで合意したことによって、一息ついた形だ。

政権引き継ぎの過程で、四大財閥の会長から財閥改革の基本合意を取り付けている。労組との話し合いを通じ、経営上の理由で解雇することができる「整理解雇制」が導入された。省庁を統合・削減し、「小さな政府」をめざす行政改革案も国会を通過した。

金大中氏は就任演説で、「労使、政府の大妥協で、国難克服の基礎は築かれた」と述べた。だが、韓国経済の本格的な立て直しは、これからである。

IMFとの合意を実行すれば、大量の失業者が生まれることは避けられない。つぶれる企業も出る。物価は上昇し、収入は減り、人々の生活は苦しくなるだろう。

大統領は、こうした事態を率直に認めたうえで、経営者、労働者、そして庶民に「痛みをわかち合おう」と呼びかけた。国民に我慢を求めるには、その支持と理解が前提となる。

「政治報復はしない」という約束をした同氏は、自身の肖像を学校や官庁に掲げるのをやめさせ、テレビを通じて国民との対話を続ける方針を打ち出した。

権威主義に陥って国民と距離ができてしまった金泳三前政権の失敗を繰り返さず、民主的な政治ができるかどうか、新大統領の真価が問われるのはこれからである。

朝鮮民主主義人民共和国(北朝鮮)に対しては、「南北の和解、不可侵、交流を定めた一九九一年の南北基本合意書を実行しよう」と訴え、特使の交換や首脳会談を提唱した。

転換する対北朝鮮政策

これは北朝鮮政策の大きな転換だ。

　前政権は機会があれば北朝鮮の政権を転覆し、吸収合併しようという印象を与えてきた、と金大中氏はいう。同氏の方は、「北風ではなく、暖かい日差しを注ぐべきだ」と主張してきたが、就任演説でそれを具体化させた。

　北朝鮮の金容淳書記(最高人民会議統一政策委員長)は最近、「民族自主と大団結の原則に基づいて祖国統一の道を心から願うのであれば、南朝鮮のだれとでも対話と協議を行う用意がある」と述べ、前向きの反応を見せている。

　南北の対話と協調をめざす新大統領の路線を評価し、歓迎したい。朝鮮半島の平和と安定の基礎は、なによりも南北の緊張緩和にあるからだ。

　さらに金大中政権は、南北に加えて米中日ロの六カ国による共同宣言構想を打ち出した。北朝鮮は反対しているが、中国は前向きな反応を示したという。この構想も支持したい。北東アジアの平和の枠組みは、重層的であった方がよい。

　「日朝関係は南北関係より前に出るな」とブレーキをかけ続けた金泳三政権とは対照的に、日本や米国が北朝鮮と交流協力を推進することに「支援」を表明した。

　北朝鮮による拉致疑惑が解消されないこともあって、日朝の正常化交渉は足踏み状態にある。新しい対北政策が打ち出されたのを機会に、日本の対北朝鮮外交も積極策に転換すべきではないか。

　歴史認識や領土問題など、容易にはほぐれない難しい問題をかかえた日韓関係の改善は、そのためにも急務である。

　漁業協定の終了通告によって日韓には、またひとつ、わだかまりができてしまった。日韓の首脳同士が会談し、事態の打開をはかるときだ。

중요한자

就任 취임	交代 교대	演説 연설	宣言 선언	克服 극복
和解 화해	挑戦 도전	通過 통과	尊重 존중	債務 채무
財閥 재벌	労組 노조	解雇 해고	統合 통합	削減 삭감
労使 노사	妥協 타협	大量 대량	失業 실업	上昇 상승
報復 보복	肖像 초상	真価 진가	特使 특사	提唱 제창
転覆 전복	吸収 흡수	合併 합병	書記 서기	自主 자주
祖国 조국	反応 반응	協調 협조	歓迎 환영	緩和 완화
推進 추진	拉致 납치 (=拉致)	疑惑 의혹	解消 해소	漁業 어업
通告 통고	打開 타개			

1. 与野党の政権交代が、民主的な直接選挙で実現した。

여야당의 정권교체가,　　　　　직접선거로 실현되었다.

❊ 実現(じつげん)する 실현되다　　☞ 〜(実現)した 구문연구 29 참조

2. 民主主義と経済を同時に発展させる政府が初めて誕生した。

민주주의와 경제를 동시에 발전시킬 정부가 처음으로 탄생했다.

❊ 初(はじ)めて 처음, 처음으로, 비로소

❊ 始(はじ)め 초, 처음, 시작, 시초, 기원, 첫머리, 비롯함

3. 真の『国民の政府』である。

진정한 국민의 정부이다.

❊ 真(しん)の 진정한

4. その行く手には、二つの大きな課題が横たわっている。

그 앞길에는, 두 개의 커다란 과제가 가로놓여 있다.

❊ 行(ゆ)く手(て) 전방, 앞길, 전도　　❊ 横(よこ)たわる 가로놓이다

5. この国がかつて経験したことのない経済危機

이 나라가 이전에 경험한 적이 없는 경제 위기

❊ かつて 이전에　　☞ 〜(た)ことがある 구문연구 12 참조

6. 短期債務の繰り延べで合意したことによって、一息ついた形だ。

단기채무의 순연으로 합의함에 따라, 한숨 돌린 형태다.

❊ 繰(く)り延(の)べ 순연　　❊ 一息(ひといき)つく 한숨 돌리다

7. 政権引き継ぎの過程で、四大財閥の会長から

정권 인계과정에서, 4대재벌 회장으로부터

- ◈ 引(ひ)き継(つ)ぎ 이어받음, 인계, 승계
- ◈ 引(ひ)き継(つ)ぐ 물려받다, 이어받다, 인계받다

例文 父から引き継いだ家業をいっそうもりたてていこうと思う。

아버지로부터 이어받은 가업을 한층 더 일으켜 세우려 한다.

前任者から仕事を引き継いで一ヶ月、ようやく慣れた。

전임자로부터 일을 인계받은지 1개월, 겨우 익숙해졌다

8. 財閥改革の基本合意を取り付けている。

재벌개혁의 기본 합의를 얻어내고 있다.

- ◈ 取(と)り付(つ)ける 장치/설치하다, 얻어내다, 성립시키다

例文 彼が社運のかかっている契約を取り付けて会社を救った。

그가 사운이 걸려 있는 계약을 성립시켜 회사를 구했다.

社長の車には新しく出たカーナビゲージョンまで取り付けられていた。

사장님의 차에는 새로 나온 카내비게이션까지 장착되어 있었다.

9. 労組との話し合いを通じ、

노조와의 대화를 통하여,

- ◈ 通(つう)じる 통하다

10. 小さな政府をめざす行政改革案も国会を通過した。

작은 정부를 지향하는 행정개혁안도 국회를 통과했다.

- ◈ 目指(めざ)す 지향하다, 목표로 하다, 노리다

多くの探検隊が北極を目指したが、みんな失敗に終わった。

많은 탐험대가 북극을 노렸지만, 모두 실패로 끝났다.

我々部員一同は、優勝を目指して、日夜練習に励んでいる。

우리부원 일동은, 우승을 목표로 하여, 주야로 연습에 힘쓰고 있다.

一歩一歩、雪が積もって白くなって山の頂上を目指して進んだ。

한걸음 한걸음, 눈이 쌓여 하얗게 된 산 정상을 목표로 해서 나아갔다.

11. 国難克服の基礎は築かれたと述べた。
국난 극복의 기초는 구축되었다고 말했다.

❊ 築(きず)く 쌓다, 구축하다　　　❊ 述(の)べる 말하다, 진술하다, 기술하다

12. 韓国経済の本格的な立て直しは、これからである。
한국 경제의 본격적인 재건은, 지금부터이다.

❊ 立(た)て直(なお)し 다시 세움, 재정비, 재수립, 재건

13. つぶれる企業も出る。
망하는 기업도 나온다.

❊ つぶれる 찌부러지다, 망하다

14. 物価は上昇し、収入は減り、人々の生活は苦しくなるだろう。
물가는 상승하고, 수입은 줄어, 사람들의 생활은 괴로워질 것이다.

❊ 減(へ)る 줄다, 감소하다

15. 庶民に「痛みを分かち合おう」と呼びかけた。
서민에게 고통을 함께 나누자고 호소했다.

❊ 痛(いた)み 고통　　　❊ 分(わ)かち合(あ)う 함께 나누다

❊ 呼(よ)びかける 소리내어 부르다, 호소하다

例文　遠くを歩いている友達に、大声で呼びかけた。

먼곳을 걷고 있는 친구를 큰 소리로 불렀다.

暴力団の追放に、市民の団結を呼びかけるチラシが配られた。

폭력단의 추방에, 시민의 단결을 호소하는 팜플렛이 나누어졌다.

作者はこの文章の中で平和への願いを強く読者に呼びかけている。

작자는 이 문장 속에서 평화에 대한 염원을 강하게 독자에게 호소하고 있다.

16. 国民に我慢を求めるには、その支持と理解が前提となる。

국민에게 인내를 요구하는 데에는, 그 지지와 이해가 전제가 된다.

⊛ 我慢(がまん) 인내, 참음

17. 自身の肖像を学校や官庁に掲げるのをやめさせ、

자신의 초상을 학교나 관청에 거는 것을 중지시키고,

⊛ 掲(かか)げる 내걸다, 게양하다　　⊛ やめる 그만두다, 중지하다, 끊다

18. 国民との対話を続ける方針を打ち出した。

국민과의 대화를 계속할 방침을 내놓았다.

⊛ 打(う)ち出(だ)す 내세우다, 내놓다

19. 権威主義に陥って国民と距離ができてしまった金

권위주의에 빠져 국민과 거리가 생겨 버린 김

⊛ 陥(おちい)る 빠지다

例文　父親の病気が長引いて、一家の生活はどん底に陥った。

부친의 병이 오래되어서, 일가의 생활은 최악의 상태에 빠졌다.

今や地球上のあちこちで絶滅の危機に陥っている動物がいる。

이미 지구상의 여기저기에서 절멸의 위기에 빠져있는 동물이 있다.

現代人は、地域社会との結び付きがうすくて、孤独に陥りやすい。

현대인은, 지역사회와의 결속이 약해서, 고독에 빠지기 쉽다.

新聞が独善に 陥 らないためにも、読者による批判は必要であり 重
要だ。

신문이 독선에 빠지지 않기 위해서도, 독자에 의한 비판은 필요하고 중요하다.

❀ できる 생기다, 되다　　☞ 〜てしまう 구문연구 47 참조

20. 前政権の失敗を繰り返さず、

전 정권의 실패를 되풀이하지 않고,

❀ 繰(く)り返(かえ)す 반복하다, 되풀이하다

21. 和解、不可侵、交流を定めた…南北基本合意書を実行しようと訴え

화해, 불가침, 교류를 정한 남북기본합의서를 실행하자고 호소하고

❀ 定(さだ)める 정하다, 제정하다, 안정시키다, 평정하다

例文 年度始めにあたり、今年度の事業 方針を定め、社員に示した。

연초에 즈음하여, 금년도 사업방침을 정해, 사원에게 보였다.

豊臣秀吉は、足軽から身を起こし、天下を定めた。

豊臣秀吉는, 최하급 무사에서 시작해, 천하를 평정했다.

詩人は晩年、この地に 住 居を定め、ひっそりと余生を送った。

시인은 만년, 이 지역에 주거를 정하고, 조용히 여생을 보냈다.

❀ 訴(うった)える 고소/소송하다, 호소하다

22. 吸収合併しようという印象を与えてきた、と金大中氏は言う

흡수합병 하려고 하는 인상을 주어왔다, 라고 김대중 씨는 말한다.

❀ 与(あた)える 주다, 부여하다

例文 展覧会に 出 品した兄の絵に金 賞 が与えられた。

전람회에 출품한 형의 그림에 금상이 주어졌다.

芸 術 は、人々の心を慰め、喜びを与えてくれる。

예술은, 사람들의 마음을 위로하고, 기쁨을 준다.

台風で稲がやられ、農家の人々に大きな損害を与えた。

태풍으로 벼가 피해를 당해, 농가의 사람들에게 큰 손해를 주었다.

この一冊の本がぼくに苦悩をはね返す力を与えてくれた。

이 한 권의 책이 나에게 고뇌를 떨쳐버릴 힘을 주었다.

23. 北風ではなく、暖かい日差しを注ぐべきだと主張してきたが、

북풍이 아니라, 따뜻한 햇볕을 쏟아야 한다고 주장해 왔는데,

⊛ 日差(ひざ)し 햇볕　⊛ 注(そそ)ぐ 쏟다, 붓다, 따르다

例文　ここ数年世界中の目が朝鮮半島の南北関係に注がれている。

최근 몇 년 전세계의 눈이 한반도의 남북관계에 쏟아지고 있다.

早く工事が完成するよう、関係者一同は全力を注いでいる。

빨리 공사가 완성되도록, 관계자 일동은 전력을 쏟고 있다.

24. 原則に基づいて祖国統一の道を心から願うのであれば

원칙에 의거하여 조국 통일의 길을 진심으로 바란다면

⊛ 基(もと)づく 기초하다, 기초를 두다, 의거하다, 입각하다

例文　警察は確かな証拠に基づき、彼を犯人と断定した。

경찰은 확실한 증거에 의거하여, 그를 범인으로 단정했다.

現代仮名遣いはだいたい現代の発音に基づいている。

현대철자법은 대개 현대의 발음에 기초하고 있다.

調査に基づいて、分かったことを報告書にまとめました。

조사에 입각하여, 알게된 것을 보고서에 정리했습니다.

⊛ 願(ねが)う 원하다, 바라다

25. 南朝鮮のだれとでも対話と協議を行う用意があると述べ、

남조선의 누구하고도 대화와 협의를 할 용의가 있다고 말하여,

⊛ 行(おこな)う 하다, 행하다

26. 南北に加えて米中日ロの六カ国による共同宣言構想を打ち出した。

남북에 더하여 미중일러 6개국에 의한 공동선언구상을 내놓았다.

❀ 加(くわ)える 가하다, 더하다, 넣다

27. 前向きな反応を示したという。

전향적인 반응을 나타냈다고 한다.

❀ 示(しめ)す 가리키다, 보이다, 나타내다

28. 南北関係より前に出るなとブレーキをかけ続けた金

남북관계보다 앞으로 나가지 말라고 브레이크를 걸어 온 김

❀ ブレーキをかける 브레이크를 걸다　　☞ ~な 구문연구 67 참조
☞ ~続(つづ)ける 구문연구 39 참조

29. 日朝の正常化交渉は足踏み状態にある。

북일 정상화교섭은 답보 상태에 있다.

❀ 足踏(あしぶ)み状態(じょうたい) 답보 상태

30. 容易にはほぐれない難しい問題をかかえた日韓関係の改善は、

쉽게는 풀리지 않는 어려운 문제를 안은 한일관계의 개선은,

❀ 容易(ようい)に 용이하게, 쉽게　　❀ ほぐれる 풀리다
❀ 抱(かか)える ① 안다, 껴안다　② 떠맡다, 책임지다, 안다, 껴안다

例文　少年は本を小脇に抱えると、小走りに学校へ向った。

소년은 책을 겨드랑이에 끼고 나서, 종종걸음으로 학교로 향했다.

彼は漫画を見ながら、ときどき腹を抱えて笑っている。

그는 만화를 보면서, 때때로 배를 안고 웃고 있다.

社長は自宅に運転手とお手伝いさんを三人も抱えている。

사장은 자택에 운전수와 가정부를 3명이나 고용하고 있다.

31. 日韓には、またひとつ、わだかまりができてしまった。

일한간에는, 또하나, 응어리가 생겨버렸다.

　◈ わだかまり ① 걸림, 막힘　② 맺힌 감정, 응어리

32. 日韓の首脳同士が会談し、事態の打開をはかるときだ。

일한수뇌끼리 회담하여, 사태의 타개를 꾀할 때다.

　◈ 〜同士(どうし) 〜끼리

　◈ はかる ① 꾀하다, 도모하다　② 재다, 측정하다

例文　市長はもっと市民との意思の疎通をはかるべきだ。

시장은 더욱더 시민과의 의사소통을 도모해야 한다.

青年は自殺を図ったが、危うく一命はとりとめた。

청년은 자살을 꾀했지만, 가까스로 목숨은 건졌다.

彼は出入りの業者に便宜を図り、多額の謝礼をもらっていた。

그는 출입 업자에게 편의를 봐 주고, 거액의 사례를 받고 있었다.

母は、ころあいを測って客にお茶を出すタイミングが実によい。

어머니는, 적당한 시기를 봐 손님에게 차를 내는 타이밍이 실로 좋다.

彼女の言葉の真意を測りかねて、しばらく悩んだこともあった。

그녀의 말의 진의를 헤아릴 수 없어, 잠시 고민한 적도 있었다.

4 省エネ法で温暖化を防げるか

(1998.3.7)　04

　地球温暖化防止の法律づくりをめぐって、通産省と環境庁がまたも角突き合わせている。

　通産省は工場や電気製品、車のエネルギー消費を減らそうと、今国会に省エネ法の改正案を提出しようとしている。一方、環境庁は二酸化炭素（CO_2）だけでなく、代替フロンなども含めて温暖化対策推進法をつくるべきだ、と主張している。

　対立を険しくしているのは、省エネ法と同じような工場への規制が、環境庁の対策推進法案の柱になっているからだ。

　工場からのCO_2の排出量は全体の四〇％を占める。環境庁がまず工場に狙いを定めるのは、当然といえる。だが、二つの法律で工場を二重に規制するのは、あまり意味があるまい。

　環境庁が知恵をしぼらねばならないのは、炭素税の導入をはじめ、交通体系や都市構造の変革を進める包括的な法律だろう。その法律の下で、省エネ法など既存の法律を活用したり、個別の分野で新たな立法化を図ったりする方が効率的だ。

　生活や生産活動に伴って発生するCO_2を減らすには、さまざまな方策を幅広く組み合わせる必要がある。

　とはいえ、政府が温暖化防止の切り札のように宣伝する割には、今回の省エネ法の改正案は、内容がきわめて不十分だ。

　まず、法律の目的に、温暖化防止という文言を加えることを忘れている。

　省エネ法は、資源を節約してエネルギーをできるだけ有効に使うのが狙いだ。確かに、エネルギーの使用を減らせばCO_2は減る。しかし、温暖化防止を直接の目的としていないため、現行の規定のままではCO_2の排出を抑えるには限界がある。

　同時に、所管官庁として環境庁も加えて、共管にすることが必要である。工場や製品にどこまで省エネを求めるかは、産業政策の視点で見るか、環境を守る視点で判断するかで大きく異なるからだ。

たとえば、改正案では、電気製品や車の省エネ基準をエネルギー効率の最も良い製品に合わせるという「トップランナー方式」が提案されている。

だが、トップランナーに追いつく猶予期間をどのくらいにするか。ガソリン車とハイブリッド車を同じ枠内で競わせるのか。一口に同方式の導入といっても、産業政策と環境保全のどちらに重きを置くかで、省エネの効果はずいぶん変わってくる。

もうひとつ、改正案が置き忘れているのは、情報を公開しながら、幅広く温暖化対策を進めていこうという発想である。

改正案で、政府は毎年、工場ごとに省エネ計画を提出させることになっている。通産省は「政府に約束することで実行を促す」といい、「企業秘密が含まれているので内容は公表できない」としている。

これでは、省エネ計画が妥当か、どのように、実行されているのか、が外部からは全くわからない。

せっかくの省エネ計画を温暖化防止に生かすには、公表するのが最も近道だ。各地の工場のCO_2排出量と削減計画が周辺住民の目にさらされれば、企業はCO_2削減に本腰を入れざるをえなくなるだろう。温暖化防止への住民の関心も高まる。

政府が本気で省エネ法を温暖化防止に使うつもりなら、小手先の改正ではなく、骨組みから作り替えなければならない。

もしも、改正案がこのまま国会を通るようなことがあれば、環境庁の温暖化対策推進法で、もう一度、工場や電気製品に網をかけることを考えねばならないだろう。

温暖化 온난화	防止 방지	炭素 탄소	代替 대체	規制 규제
排出 배출	包括 포괄	既存 기존	立法 입법	効率 효율
方策 방책	資源 자원	限界 한계	所管 소관	猶予 유예
保全 보전	実行 실행	妥当 타당		

1. 省エネ法で温暖化を防げるか

에너지 절약법으로 온난화를 막을 수 있을까?

❋ 省(しょう)エネ(=省エネルギー) 에너지(소비) 절약

2. 地球温暖化防止の法律づくりをめぐって、

지구 온난화 방지 법률 제정을 둘러싸고,

❋ ～づくり ～만들기, 조성　　❋ ～をめぐって ～을 둘러싸고

3. 通産省と環境庁がまたも角突き合わせている。

통산성과 환경청이 또다시 충돌하고 있다,

❋ またも 또다시, 다시금
❋ 角突(つのつ)き合(あ)わせる 사이가 나빠 끊임없이 충돌하다

4. 車のエネルギー消費を減らそうと、今国会に省エネ法

차의 에너지 소비를 줄이려고, 이번 국회에 에너지 절약법

❋ 減(へ)らす 줄이다　・減(へ)る 줄다
❋ 今国会(こんこっかい) 이번 국회

5. 二酸化炭素だけでなく、代替フロンなども含めて温暖化対策推進法

이산화탄소뿐만 아니라, 대체프론 등도 포함하여 온난화 대책 추진법

❋ 含(ふく)める 포함시키다, 납득시키다

例文 今度(こんど)の旅行(りょこう)には交通費(こうつうひ)・宿泊費(しゅくはくひ)含めて三万円(さんまんえん)しかかからなかった。

이번 여행에는 교통비 · 숙박비 포함시켜서 3만엔 밖에 들지 않았다.

❋ 含(ふく)む 포함하다, 머금다, 품다, 함축하다, 띠다

例文 企業秘密が含まれているので内容は公表できないとしている。

기업 비밀이 포함되어 있어서 내용은 공표할 수 없다고 하고 있다.

この言葉は二つの深い意味を含んでいる。

이 말은 두 가지 깊은 의미를 함축하고 있다.

領収証の金額には、サービス料や税金も含まれている。

영수증의 금액에는, 서비스료나 세금도 포함되어 있다.

今からぼくの言うことを、心に含んでおいてほしいんだ。

지금부터 내가 하는 말을, 유념해 두었으면 좋겠다.

コップの水を口に含んだまま、しばらく飲み込まずにいた。

컵의 물을 입에 머금은 채, 잠시 마시지 않고 있었다.

☞ ～だけでなく 구문연구 33 참조

---

6. 対立を険しくしているのは、省エネ法と同じような工場への規制が、

대립을 험악하게 하고 있는 것은, 에너지 절약법과 같은 공장에 대한 규제가,

❈ 険(けわ)しい 험악하다

☞ ～ような 구문연구 103 참조　　☞ ～への 구문연구 94 참조

---

7. 排出量は全体の四〇％を占める。

배출량은 전체의 40％를 차지한다,

❈ 占(し)める 차지하다

---

8. まず工場に狙いを定めるのは、…あまり意味があるまい。

우선 공장에 목표를 정한 것은, …그다지 의미가 없을 것이다,

❈ 狙(ねら)い ① 겨눔, 겨냥　② 노림, 목적

❈ 狙(ねら)う ① 겨누다, 겨냥하다　② 노리다

例文　蛇は獲物を狙って、するすると木にのぼって行った。

뱀은 사냥감을 노려, 스르르 나무에 올라갔다.

今度のクラス対抗リレーでは、どうしても優勝を狙いたい。

이번 반 대항 릴레이에서는, 어떻게 해서든 우승을 노리고 싶다.

動物たちの保護色は、自分を狙う敵の目をくらますのに役に立つ。

동물들의 보호색은, 자신을 노리는 적의 눈을 속이는데 도움이 된다.

☞ 〜まい 구문연구 96 참조

9. 環境庁が知恵を絞らねばならないのは、

환경청이 지혜를 짜야 하는 것은,

❀ 絞(しぼ)る　① 짜다　② 좁히다, 조르다, 죄다　③ 착취하다

例文　犯人らしい人物はだんだん絞られてきた。

범인인 듯한 인물은 점점 좁혀졌다.

かつて農民は税金を搾られて生活は苦しかった。

예전에 농민은 세금을 착취당해 생활은 어려웠다.

牧場で飲んだ搾ったばかりの牛乳はとてもおいしかった。

목장에서 마신 바로 짠 우유는 매우 맛있었다.

廊下が水びたしになるから、雑巾はもっと固く絞りなさい。

복도가 물에 젖게 되니, 걸레는 좀더 꽉 짜세요.

昔の母もの映画は悲しくて、観客は涙を絞ったものだった。

예전의 모성애를 주제로 한 영화는 슬퍼서, 관객은 눈물을 흘리곤 했다.

☞ 〜ねば 구문연구 85 참조

10. 炭素税の導入をはじめ、交通体系や都市構造

탄소세의 도입을 비롯하여, 교통 체계나 도시 구조

❀ 〜をはじめ(=〜をはじめとして)　〜을 비롯하여

☞ 〜をはじめ 구문연구 107 참조

11. その法律の下で、

그 법률하에서,

* ～の下(もと)で ～하에서

12. 生活や生産活動に伴って発生するCO₂を減らすには

생활이나 생산 활동에 따라 발생하는 CO₂를 줄이는 데에는

* 伴(ともな)う ① 함께하다, 동반하다 ② 어울리다, 따르다, 수반하다

例文 危険の伴う仕事は、報酬が多くなるのは当然のことだ。

위험을 동반하는 일은, 보수가 많아지는 것은 당연한 일이다.

いいことを言っても行動が伴わないと人から信用されない。

좋은 말을 해도 행동이 따르지 않으면 남으로부터 신용 받지 못한다.

実際に経験した人の話は、実感を伴っているので迫力がある。

실제로 경험한 사람의 이야기는, 실감을 동반하고 있어서 박력이 있다.

13. さまざまな方策を幅広く組み合わせる必要がある。

여러 가지 방책을 폭넓게 짜맞출 필요가 있다.

* さまざま(様々)だ 여러 가지이다, 다양하다
* 組(く)み合(あ)わせる 짜맞추다, 조합하다

14. とはいえ、政府が温暖化防止の切り札のように宣伝する割には、

그렇지만, 정부가 온난화 방지의 비장한 수단처럼 선전한 것 치고는,

* とはいえ 그렇다고 하지만, 그렇지만
* 切(き)り札(ふだ) 비장의 수단
* 割(わり) 나눔, 비율, 수지
* ～とはいえ 구문연구 66 참조
* ～割(わり)に 구문연구 106 참조
* ～ように 구문연구 103 참조

15. 今回の省エネ法の改正案は内容がきわめて不十分だ。

이번 에너지 절약법 개정안은 내용이 지극히 불충분하다.

※ きわめて 지극히, 매우

16. 温暖化防止という文言を加えることを忘れている。

온난화 방지라고 하는 문언을 넣는 것을 잊고 있다.

※ 文言（ぶんげん） 문언

17. 資源を節約してエネルギーをできるだけ有効に使うのが狙いだ。

자원을 절약하여 에너지를 가능한 한 유효하게 사용하는 것이 목적이다.

※ できるだけ 가능한 한

18. 確かに、エネルギーの使用を減らせばCO_2は減る。

분명, 에너지 사용을 줄이면 CO_2는 감소한다.

※ 確（たし）かに 확실히, 분명히

19. 現行の規定のままではCO_2の排出を抑えるには限界がある。

현행 규정대로는 CO_2 배출을 억제하는 것에는 한계가 있다.

※ 抑（おさ）える（＝押える） 누르다, 막다, 억제하다, 잡다

例文 明日の会議のために、会議室を押えておいた。

내일의 회의를 위해, 회의실을 잡아 두었다.

物価を抑えることが、政府の今年の重要課題だ。

물가를 억제하는 것이, 정부의 올해 중요 과제이다.

口から口へとうわさが広がるのを抑えるのは難しい。

입에서 입으로 소문이 퍼지는 것을 막는 것은 어렵다.

筆者の論点を押えて読み、さらに深く考えてみよう。

필자의 논점을 파악하여 읽고, 다시 한번 깊게 생각해 보자.

患者が運ばれてくると、医者はまず手首を押えて脈をみた。

환자가 옮겨져 오자, 의사는 우선 손목을 잡고 맥을 집어보았다.

20. 所管官庁として環境庁も加えて共管にすることが必要である。

소관 관청으로서 환경청도 가세하여 공동 관리로 하는 것이 필요하다.

◎ 共管(きょうかん) 공동 관리

21. 環境を守る視点で判断するかで大きく異なるからだ。

환경을 지키는 시점에서 판단하는가로 크게 다르기 때문이다.

◎ 異(こと)なる 다르다

22. 効率の最も良い製品に合わせるというトップランナー方式が

효율이 가장 좋은 제품에 맞춘다고 하는 톱런너 방식이

◎ 最(もっと)も 가장　　◎ 合(あ)わせる 맞추다, 합치다, 모으다

23. トップランナーに追いつく猶予期間をどのくらいにするか。

톱런너를 따라 잡을 유예 기간을 어느 정도로 할까?

◎ 追(お)い付(つ)く 따라 잡다, 따라 붙다

例文 アジアの国々は日本に追いつき追いこせで努力している。

아시아의 나라들은 일본을 따라 붙고 추월하자며 노력하고 있다.

雨漏りがひどくてバケツを置いたくらいでは追い付かない。

비 새는 것이 심해서 양동이를 둔 정도로는 해결되지 않는다.

24. ガソリン車とハイブリッド車を同じ枠内で競わせるのか。

가솔린차와 하이브리드차를 같은 테두리 내에서 경쟁시킬 수 있는 것인가?

◎ ハイブリッド(=hybrid) 잡종, 혼성물　　◎ 競(きそ)う 겨루다, 경쟁하다

25. 一口に…どちらに重きを置くかで　…効果はずいぶん変わってくる。

한마디로 …어느 쪽에 중점을 둘 지에 따라 …효과는 매우 달라진다.

　※ 一口（ひとくち）한 입, 한 모금, 한 마디
　※ 重（おも）きをおく 무게/중점을 두다　　☞ ～てくる 구문연구 44 참조

26. 改正案が置き忘れているのは、…温暖化対策を進めていこうという 発想である。개정안이 잊어버리고 있는 것은, …온난화 대책을 추진해 가자는 발상이다.

　※ 置（お）き忘（わす）れる 둔 곳을 잊다, 잊어버리고 두고 오다
　☞ ～ていく 구문연구 41 참조

27. 工場ごとに省エネ計画を提出させることになっている。

공장마다 에너지 절약 계획을 제출하도록 되어 있다.

　※ ～ごとに ～마다
　☞ ～ごとに 구문연구 14 참조

28. 通産省は「政府に約束することで実行を促す」といい、

통산성은 「정부에 약속하는 것으로 실행을 촉구한다」라고 하여,

　※ 促（うなが）す 재촉하다, 촉구하다

　例文 夏期の日照は、稲の成長を促すうえで特に重要である。
　하기의 일조는, 벼의 성장을 촉진시키는데에 특히 중요하다.
　急ごうと、ぼくたちを促すと父はすたすた歩き始めた。
　서두르자고, 우리들을 재촉하고 아버지는 부리나케 걷기 시작했다.
　特にこの点を忘れやすいので、諸君には注意を促しておこう。
　특히 이 점을 잊기 쉬우니, 제군들에게는 주의를 촉구해 두겠다.

29. せっかくの省エネ計画を温暖化防止に生かすには、

모처럼의 에너지 절약 계획을 온난화 방지에 활용하는데에는,

❀ せっかくの 모처럼의   ❀ 生(い)かす 살리다, 활용하다

30. 公表するのが最も近道だ。

공표하는 것이 가장 지름길이다,

❀ 近道(ちかみち) 지름길

31. 企業はCO₂削減に本腰をいれざるをえなくなるだろう。

기업은 CO₂ 삭감에 본격적으로 착수하지 않을 수 없게 될 것이다,

❀ 本腰(ほんごし)を入(い)れる 본격적으로 착수하다, 나서다

32. 温暖化防止への住民の関心も高まる。

온난화 방지에 대한 주민의 관심도 높아진다,

❀ 高(たか)まる 높아지다, 고조되다

33. 政府が本気で省エネ法を温暖化防止に使うつもりなら、

정부가 진정으로 에너지 절약법을 온난화 방지에 사용할 생각이라면,

❀ 本気(ほんき) 진심, 진정   ❀ つもり 예정, 생각, 셈
❀ 〜なら 구문연구 73 참조

34. 小手先の改正ではなく、骨組みから作り替えなければならない。

어설픈 개정이 아니라, 뼈대부터 다시 만들어야 한다

❀ 小手先(こてさき) 손끝, 손재주, 잔재주, 잔꾀

例文 ぼくは不器用なので、細かい小手先の仕事は無理だ。

나는 손재주가 없어서, 손끝으로 하는 자잘한 일은 무리다.

この問題は、小手先のごまかしでどうにかなるような段階は過ぎた。

이 문제는, 잔재주의 속임수로 어떻게든 될 것 같은 단계는 지났다.

⊛ 骨組(ほねぐ)み 뼈대, 기본 구조

35. もしも、改正案がこのまま国会を通るようなことがあれば、

만일, 개정안이 이대로 국회를 통과하는 그런 일이 있으면,

⊛ もしも 만일, 혹시

36. 工場や電気製品に網をかけることを考えねばならないだろう。

공장이나 전기 제품에 망을 치는 일을 생각해야 할 것이다.

⊛ 網(あみ)をかける (그물)망을 치다

NOTE

5 武力行使につなげないために (1998.3.14) ♪05

　国連の平和維持活動(PKO)や、国際的な人道救援活動の一翼を、自衛隊が担うようになって六年がたった。

　自衛のため以外に武力を使わず、国際社会の意を体して紛争の再発防止や平和の維持にあたるPKOと、海外の難民救援や医療、災害援助にあたる活動とは、平和憲法をもつこの国にとって、最もふさわしい国際協力のひとつである。

　海外での武力行使を禁じた憲法の下で、最大限の実績をあげることこそ、日本に求められていることだろう。

　カンボジアからゴラン高原まで、多くの試練や曲折を経てきた活動を振り返り、より実効性のある、国民の支持を得られるものに改めていかねばならない。

　国会に提出されたPKO協力法の改正案はこの課題にこたえているだろうか。改正点のうち、最も慎重で入念な論議が必要なのが、武器使用の変更である。

　現行法は、安全保持のための小型武器の携行を認めたうえで「自己または自己とともに現場に所在する他の隊員の生命または身体を防衛するため、やむをえない必要があると認める相当の理由がある場合に、その事態に応じ合理的に必要と判断される限度で」武器の使用を容認している。

　「急迫不正の侵害」から身を守るためにのみ、個々の隊員の判断による正当防衛を認めたものだ。

　改正案は、現場に上官がいるときは、原則として上官の命令によって武器を使用することに改めようとするものだ。「急迫不正の侵害」の判断を現場の指揮官がおこない、その命令で部下は発砲する。

　PKOを体験した隊員の間に、判断が個人にゆだねられていることが心理的に負担となったという声が多い。「統制を欠いた武器の使用によって、かえって危険や混乱を招きかねない」という政府の説明にも、一面の説得力はある。

　ただ、いかに現場の強い要請からとはいえ、上官の命令によって組織的に武器が使用されることになれば、憲法が禁ずる武力行使により近づくことになる。そこでの判断の誤りは、PKOの目的のみならず、日本の国益をも損ないかねない。

　派遣場所、任務、携行する武器の決定などを含め、そうした懸念を最大限ぬぐう努力が不可欠である。

　それとともに大事なのは、自衛隊、とくに現場の指揮官と隊員が、PKOとは何かを徹底して理解できるような教育、訓練を強化することである。問題は結局、指揮官や個々の隊員がとっさの場面で適正な判断ができるかどうかにかかるからだ。

　PKOや人道的な救援活動の舞台となるのは、治安が乱れ、危険と隣り合わせの場所だ。軍事的な知識や経験以上に、政治的な配慮ができる能力や派遣先の国、地域への高度な理解が迫られる。

　それは、国土防衛を目的とする自衛隊の日常的な訓練とは異質のものだ。一九七三年の第四次中東戦争のさなかに、フィンランドのPKO部隊が、国連検問所を破壊しようとしたイスラエル軍に対して、銃を置き、人間の壁をつくって抵抗した逸話を改めて思い起こしたい。

　改正案には、国連機関の人道的活動には、停戦合意がなくても物資協力ができるようにすること、欧州安保協力機構のような国連以外の機関の下の選挙監視活動に参加の道を開くことが盛り込まれた。

　日本の活動の場を広げようとすれば、憲法やPKOの原則を踏まえた、厳密な運用が何よりの前提となる。

중요한자

人道 인도	救援 구원	一翼 일익	自衛隊 자위대	紛争 분쟁
災害 재해	実績 실적	高原 고원	曲折 곡절	実効 실효
慎重 신중	変更 변경	小型 소형	自己 자기	現場 현장
防衛 방위	限度 한도	正当 정당	上官 상관	発砲 발포
統制 통제	行使 행사	強化 강화	適正 적정	配慮 배려
日常 일상	異質 이질	逸話 일화	停戦 정전	物資 물자
欧州 유럽	厳密 엄밀			

1. 武力行使につなげないために
무력 행사로 연결하지 않기 위하여

⊛ つなげる 잇다, 연결하다

2. 国連の　…活動の一翼を、自衛隊が担うようになって六年がたった。
UN의 …활동의 일익을, 자위대가 담당하게 된 지 6년이 지났다.

⊛ 国連(こくれん) 국제연합(UN)　　⊛ たつ 경과하다, 지나다
☞ ～ようになる 구문연구 102 참조

3. 国際社会の意を体して紛争の再発防止や平和の維持に
국제 사회의 뜻을 잘 지켜 분쟁의 재발 방지와 평화 유지에

⊛ 体(たい)する 명심하여 지키다

4. 活動とは　…平和憲法をもつこの国にとって、最もふさわしい国際協力
활동이란 …평화 헌법을 갖는 이 나라에 있어서, 가장 어울리는 국제 협력

⊛ ふさわしい 어울리다, 적합하다
☞ ～とは 구문연구 65 참조　　☞ ～にとって 구문연구 82 참조

5. 海外での武力行使を禁じた憲法の下で、…実績をあげることこそ、
해외에서의 무력 행사를 금한 헌법 하에서, …실적을 올리는 것이야말로,

⊛ 禁(きん)じる 금하다　　☞ ～こそ 구문연구 11 참조

6. 多くの試練や曲折を経てきた活動を振り返り、
많은 시련과 곡절을 겪어 온 활동을 뒤돌아보고,

⊛ 経(へ)る 지나다, 경과하다, 거치다, 겪다

 法案は委員会の審議を経て、本会議に提出された。

법안은 위원회의 심의를 거쳐, 본회의에 제출되었다.

正式な手続きを経なければ、入場は許可されません。

정식 절차를 거치지 않으면, 입장은 허가되지 않습니다.

この飛行機はアンカレジを経て、ロンドンに向います。

이 비행기는 앵커리지를 거쳐, 런던으로 향합니다.

書類を送って三週間を経ても、役所からは何の返事もない。

서류를 보내고 3주일이 지나도, 관청에서는 어떤 연락도 없다.

⁂ 振(ふ)り返(かえ)る 뒤돌아보다

7. 国民の支持を得られるものに改めていかねばならない。

국민의 지지를 얻을 수 있는 것으로 바꿔가지 않으면 안 된다.

⁂ 改(あらた)める 고치다, 바꾸다, 개선하다, 검사하다

 後日、日を改めて会合を開きたいと思います。

후일, 날을 바꿔 회합을 열고 싶습니다.

最近は教育制度を改めようという動きが出ている。

최근에는 교육 제도를 개선하려는 움직임이 나오고 있다.

飛行機に乗るときには、荷物や体を改められます。

비행기에 탈 때에는, 화물이나 신체를 검사받습니다.

彼は心を改めるとともに名も改め、真人間に生まれ変わった。

그는 마음을 고치면서 이름도 바꿔, 참사람으로 다시 태어났다.

8. 改正点のうち、最も慎重で入念な論議が必要なのが、

개정할 점 중에서, 가장 신중하고 성의 있는 논의가 필요한 것이,

⁂ 入念(にゅうねん) 공을 들임, 정성을 들임, 꼼꼼히 함

☞ ～(の)うち 구문연구 3 참조

9. 安全保持のための小型武器の携行を認めたうえで

안전 유지를 위한 소형 무기의 휴대를 인정한 다음에

携行する武器の決定などを含め、

유대하는 무기의 결정 등을 포함하여,

- ❀ 小型(こがた) 소형 (↔大型(おおがた) 대형)
- ❀ 携行(けいこう) 휴대

10. 自己または自己とともに現場に所在する他の隊員の生命

자기 또는 자기와 함께 현장에 소재하는 다른 대원의 생명

- ❀ ～とともに ～과 함께 ❀ 所在する 소재하다, 있다

11. やむをえない必要があると認める相当の理由がある場合に、

어쩔 수 없이 필요하다고 인정되는 상당한 이유가 있는 경우에,

- ❀ やむをえない 어쩔 수 없다

12. 急迫不正の侵害から身を守るためにのみ、

급박하고 정당하지 못한 침해로부터 몸을 지키기 위해서만,

- ❀ 急迫不正(きゅうはくふせい) 급박하고 정당하지 않음
- ☞ ～のみ 구문연구 88 참조

13. 判断が個人にゆだねられていることが心理的に負担となったという声

판단이 개인에 맡겨져 있는 것이 심리적으로 부담이 되었다는 목소리

- ❀ 委(ゆだ)ねる 맡기다, 바치다 ☞ ～となる 구문연구 64 참조

14. 統制を欠いた武器の使用によって、かえって危険や混乱を

통제가 부족한 무기 사용에 의해, 오히려 위험과 혼란을

- ❀ 欠(か)く 빼다, 결하다, 결여하다

例文 お金は義理を欠き、恥をかかないとたまらないという。

돈은 의리를 버리고, 창피를 당하지 않으면 모이지 않는다고 한다.

火は人間の生活にとって欠くことのできない大切なものだ。

불은 인간의 생활에 있어서 빠뜨릴 수 없는 중요한 것이다.

あれだけの犯罪を犯しながら、犯人は罪の意識を欠いている。

그만큼의 범죄를 일으켰으면서, 범인은 죄의식이 결여되어 있다.

15. 憲法が禁じる武力行使により近づくことになる。

헌법이 금지하는 무력 행사에 보다 근접하게 된다.

※ 近(ちか)づく 다가가다, 접근하다, 근접하다

16. 判断の誤りはPKOの目的のみならず、日本の国益をも損ないかねない。

판단의 잘못은 PKO의 목적뿐만 아니라, 일본의 국익도 손상할지 모른다.

※ 誤(あやま)り 잘못, 실수, 틀림
※ 損(そこ)なう 파손하다, 상하게 하다, 해치다, 손상하다
☞ ～のみならず 구문연구 88 참조　　☞ ～をも 구문연구 108 참조

17. そうした懸念を最大限ぬぐう努力が不可欠である。

그러한 염려를 최대한 씻어내는 노력이 불가결하다.

※ 拭(ぬぐ)う 닦다, 훔치다, 씻다

18. PKOとは何かを徹底して理解できるような教育、訓練を

PKO란 무언가를 철저하게 이해할 수 있는 그런 교육, 훈련을

※ 徹底(てってい)して 철저하게
※ 徹底する 철저히 하다, 충분히 미치다, 일관되다
例文 この国の憲法は、平和主義に徹底した憲法です。

이 나라의 헌법은, 평화주의로 일관된 헌법입니다.

上の命令が下に徹底していなければ、規律ある行動はとれない。

위의 명령이 아래에 철저히 미치지 않으면, 규율 있는 행동은 취할 수 없다.

村の今後を決める大事な会議だから、もう一度方針を徹底させておこう。

마을의 장래를 정하는 중요한 회의이니, 다시 한번 방침을 철저히 해 두자.

事故が起きてからでは遅いので、普段から役割分担を徹底させておこう。

사고가 일어나고 나서는 늦으니, 평상시부터 역할 분담을 철저히 해 두자.

19. 隊員がとっさの場面で適正な判断ができるかどうかにかかるからだ。

대원이 순간적인 상황에서 적정한 판단을 할 수 있을지 어떨지에 걸려있기 때문이다.

❋ **とっさ** 순간, 순식간　　❋ **かかる** 걸리다, 관계되다

20. 舞台となるのは、治安が乱れ、危険と隣り合わせの場所だ。

무대가 되는 것은, 치안이 흐트러지고, 위험과 이웃하고 있는 장소이다.

❋ **乱(みだ)れる** 흐트러지다, 문란해지다

❋ **隣(とな)り合(あ)わせ** 서로 이웃하고 있음, 이웃 사이, 함께 함

21. 派遣先の国、地域への高度な理解が迫られる。

파견된 나라, 지역에 대한 고도의 이해가 요구된다.

❋ **迫(せま)られる** 강요되다, 요구되다

❋ **迫る** ① (자동사) 다가오다, 다가서다, 육박하다

　　② (타동사) 강요하다, 몹시 독촉(재촉)하다

例文 山から崩れ落ちた土砂が村に迫ってきた。

산에서 무너져 내린 토사가 마을로 다가왔다.

敵は各地で味方の軍を破ると、首都に迫ってきた。

적은 각지에서 아군을 무찌르고, 수도로 육박해 왔다.

彼女の出したタイムは日本新記録に迫る好タイムだ。

그녀가 낸 기록은 일본 신기록에 육박하는 좋은 기록이다.

この本は人間の死を取り上げ、生の本質に鋭く迫っている。
이 책은 인간의 죽음을 다루어, 삶의 본질에 날카롭게 다가서고 있다.

会社に約束の移行を迫ったが、何の返事ももらえなかった。
회사에 약속 이행을 강요했지만, 어떠한 대답도 받을 수 없었다.

22. 国土防衛を目的とする自衛隊の日常的な訓練とは

국토 방위를 목적으로 하는 자위대의 일상적인 훈련과는

- 目的(もくてき)とする 목적으로 하다
- ～とする 구문연구 63 참조

23. 第四次中東戦争のさなかに、フィンランドのPKO部隊が、

제 4차 중동 전쟁이 한창인 때에, 핀란드의 PKO부대가,

- ～さなか 한창 ～인때

24. 国連検問所を破壊しようとしたイスラエル軍に対して、銃を置き、

UN 검문소를 파괴하려고 한 이스라엘군에 대해, 총을 놓고,

- 銃(じゅう)を置(お)く 총을 놓다

25. 人間の壁をつくって抵抗した逸話を改めて思い起こしたい。

인간의 벽을 만들어 저항한 일화를 새삼 상기했으면 한다,

- 壁(かべ)をつくる 벽을 만들다　　- 改(あらた)めて 다시, 새삼, 새삼스럽게
- 思(おも)い起(お)こす 상기하다, 떠올리다

26. 選挙監視活動に参加の道を開くことが盛り込まれた。

선거 감시 활동에 참가의 길을 여는 것이 포함되었다,

- 道(みち)を開(ひら)く 길을 열다

27. 日本の活動の場を広げようとすれば、

일본의 활동 영역을 넓히려고 한다면,

※ 活動(かつどう)の場(ば)を広(ひろ)げる 활동의 장(영역)을 넓히다

28. PKOの原則を踏まえた、厳密な運用が何よりの前提となる。

PKO 원칙에 입각한, 엄밀한 운용이 무엇보다 우선된 전제가 된다.

※ 踏(ふ)まえる 근거로 하다, 입각하다

例文 しっかりと大地を踏まえて立つ若者になれ。

힘차게 대지를 밟고 일어서는 젊은이가 되어라.

父の話は長年の経験を踏まえたものなので説得力がある。

아버지의 이야기는 오랜 경험을 근거로 한 것이어서 설득력이 있다.

具体的な事実や、はっきりした根拠を踏まえて発言しよう。

구체적인 사실이나, 확실한 근거에 입각하여 발언하자.

※ 何(なに)よりの前提(ぜんてい) 무엇보다(우선된) 전제

NOTE

金融サービス法を急げ

(1998.4.1)

06

日本版の「金融ビッグバン」が、きょうから始まる外国為替取引の自由化で、大きく動き出す。

すでにドル払いもOKというレストランや、外貨への両替をしようとするカメラ店が現れた。高い金利の預金類をそろえた外国銀行に足を運ぶ人も増えるだろう。

日本の銀行や証券、保険会社は、大蔵省の庇護のもとで、横並びのサービスしかしてこなかった。そんな金融機関に付き合わされてきた投資家にとって、選択の幅が大きく広がる。

国民が蓄えた金融資産は千二百兆円に達しているが、その運用の手が縛られているのでは宝の持ち腐れだ。新顔が加わった金融の世界で、国境を越えた競争が始まることは歓迎していい。

だが、光には陰が伴う。

高い利回りやもうけ話を掲げた怪しげな業者が、金融自由化の旗手のような顔付きですり寄ってくるかもしれない。

自由化や規制緩和で役所の口出しを減らすことは、一人ひとりに「自己責任」が求められることでもある。だからといって、ビッグバンが無秩序な弱肉強食の世界を持ち込むことであってはならない。

自由化に合わせて、市場の利用者、なかでも十分な情報を得にくい小口の投資家が、不利な立場に追い込まれないための手だてを講じることだ。

英国では、十二年前の証券分野での思いきった自由化と同時に、金融サービス法が作られた。その法律は、消費者保護の精神に立って、詐欺商法や誤解を招く商品説明などを厳しく禁じている。

日本でも、早急に同じような法律を作るべきだ。金融商品を扱う業者に対して、重要な情報は自らに不利なものでも隠し立てしないことを義務づける必要がある。

すでに銀行や保険業界は、バブルの崩壊で損を抱えた投資家から多くの訴訟を起こされている。

　銀行が客に土地を担保にして巨額の保険料を用立て、保険会社は株式相場に連動した保険を売った。この際に十分な説明があったかどうかが争点だ。

　証券業界も、株価の下落で価値を失った新株引き受け権(ワラント)の販売をめぐり、投資家から訴えられている。

　証券取引では、危険な投資に適さない人々には取引を勧めないという「適合性の原則」を守ることになっている。しかし、トラブルが後を絶たない。

　日本版金融サービス法は、こうした原則を金融取引全体に広げたうえで、徹底させるものでなければならない。

　たとえば、投資情報を十分提供されなかったために損害をこうむった投資家には、解約や損害賠償を求める道が開かれる、といった内容を盛り込みたい。

　こうした法律ができれば、監視役の役割も重くなる。

　まもなく発足する金融監督庁が抱える職員は、証券取引等監視委員会を含めても四百人ほどだ。米国は証券取引委員会(SEC)だけでも約三千人、連邦や州レベルも合わせれば一万人を超える陣容で、金融取引に目を光らせている。英国でも二千人程度が監視にあたる。

　政府は、規制緩和推進三ヵ年計画を決めた。規制緩和で許認可が減れば、それに携わる公務員がいらなくなる。その一部を市場の監視役に振り向けるというのはどうだろう。

外貨	외화	預金	예금	庇護	비호	国境	국경	競争	경쟁
業者	업자	無秩序	무질서	弱肉強食	약육강식			詐欺	사기
早急	조급	崩壊	붕괴	土地	토지	担保	담보	巨額	거액
下落	하락	適合	적합	原則	원칙	提供	제공	損害	손해
解約	해약	賠償	배상	発足	발족	連邦	연방	陣容	진용
許認可	인허가								

1. 金融サービス法を急げ
금융 서비스법을 서둘러라

　※ 急(いそ)ぐ 서두르다

2. きょうから始まる外国為替取引の自由化で、大きく動き出す。
오늘부터 시작되는 외환 거래 자유화로, 크게 움직이기 시작한다.

　※ 外国為替取引(がいこくかわせとりひき) 외환 거래
　　・為替(かわせ) 환　　　・為替相場(かわせそうば) 환시세
　　・取引(とりひき) 거래
　※ 動(うご)き出(だ)す 움직이기 시작하다

3. すでにドル払いも　…外貨への両替をしようとするカメラ店が現われた。
이미 달러 지불도 …외화에 대한 환전을 하려고 하는 카메라점이 나타
났다.

　※ 払(はら)い ～지불(～払い)
　　・前払(まえばら)い(=先払(さきばら)い) 선불
　　・後払(あとばら)い 후불　・出世払(しゅっせばら)い 출세한 후 갚음
　※ 支払(しはら)い 지불, 계산
　※ 払(はら)う 치르다, 지불하다
　　例文 その会社は遺族に補償金として一億円を払った。
　　그 회사는 유족에게 보상금으로써 1억엔을 지불했다.

　※ 支払(しはら)う 치루다, 지불하다
　　例文 代金を支払うのはこの品が届いたときでいいです。
　　대금을 치루는 것은 이 물건이 도착했을 때에 해도 괜찮습니다.

　※ 両替(りょうがえ) 환전　　※ 現(あら)われる 나타나다

4. 預金類をそろえた外国銀行に足を運ぶ人も増えるだろう。

예금류를 갖춘 외국 은행에 발길을 옮기는 사람도 증가할 것이다.

❋ そろえる 갖추다, 맞추다, 모으다

例文 前髪の長さをもっとそろえて切ってください。

앞머리의 길이를 좀더 맞춰 잘라 주십시오.

女の子たちは口をそろえてぼくがいたずらしたと先生に訴えた。

여자 아이들은 입을 모아 내가 장난을 했다고 선생님께 일렀다.

妹はきちんと正座して、行儀よく膝の上に両手をそろえて置いた。

여동생은 똑바로 정좌하여, 예절 바르게 무릎 위에 양손을 모아 놓았다.

❋ 足(あし)を運(はこ)ぶ 발길을 옮기다   ❋ 増(ふ)える 늘다, 증가하다

5. 大蔵省の庇護のもとで、横並びのサービスしかしてこなかった。

대장성의 비호하에, 서로 비슷한 서비스밖에 해 오지 않았다

❋ 横並(よこなら)び 옆으로 늘어섬, 같은 정도

❋ 並(なら)ぶ ① 한줄로 서다, 늘어서다 ② 필적하다

例文 彼女のファンが並んでいて彼女が来るのを待っていた。

그녀의 팬이 한줄로 서서 그녀가 오는 것을 기다리고 있었다.

歌にかけては彼女に並ぶ者がない。

노래에 있어서는 그녀에게 필적할 자가 없다.

☞ ～しか～ない 구문연구 25 참조

6. そんな金融機関につき合わされてきた投資家にとって、

그런 금융 기관에 거래할 수밖에 없었던 투자가에 있어서,

❋ つき合(あ)わせる 사귀게 하다, 함께 하게 하다

❋ つき合(あ)わされる(=つき合わせられる) 어쩔 수 없이 함께 하다

❋ 付(つ)き合(あ)う ① 사귀다, 교제하다 ② 행동을 같이 하다, 함께 하다

良い友人と付き合うことはその人にとって、大きな財産となる。

좋은 친구와 사귀는 것은 그 사람에게 있어서, 큰 재산이 된다.

会社の帰りに、彼に夕食を付き合うことになった。

회사에 돌아오는 길에, 그와 저녁 식사를 함께 하게 되었다.

話があるんだ、ちょっとそこまで付き合ってくれないか。

할 이야기가 있어, 잠시 근처까지 같이 가 주지 않을래?

☞ 〜させられる 구문연구 21 참조

---

7. 選択の幅が大きく広がる。

선택의 폭이 크게 확대된다.

❀ 広(ひろ)がる 넓어지다, 확대/확장되다

---

8. 国民が蓄えた金融資産は千二百兆円に達しているが、

국민이 모아둔 금융자산은 1200조 엔에 달하고 있지만,

❀ 蓄(たくわ)える 비축하다, 모아두다, 저축하다　　❀ 達(たっ)する 달하다

---

9. その運用の手が縛られているのでは宝の持ち腐れだ。

그 운용 수단이 묶여 있어서는 보물을 썩히고 있는 것이다.

❀ 縛(しば)る 묶다, 속박하다

兄が割ったまきを、弟が縄で縛り、末の妹と三人で納屋に運んだ。

형이 팬 장작을, 남동생이 줄로 묶고, 막내 여동생과 셋이서 헛간에 옮겼다.

傷口を縛っていたタオルがゆるんで、また血が流れ出した。

상처 난 자리를 묶었던 타월이 느슨해져, 또 피가 흘러 나왔다.

勤めに出るようになると時間に縛られて、学生みたいにはいかない。

근무하러 나가게 되면 시간에 묶여, 학생처럼은 행동할 수 없다.

❀ 宝(たから)の持(も)ち腐(ぐさ)れ 보물을 두고 썩힘, 좋은 물건이나 재능 등을 활용하지 못하고 썩힘

❀ 宝(たから) 보물　　☞ 〜のでは 구문연구 86 참조

10. 新顔が加わった金融の世界で、

새얼굴이 가세한 금융 세계에서,

  ※ 新顔(しんがお) 새얼굴　　※ 加(くわ)わる 늘다, 불어나다, 가담/가세하다

11. だが、光には陰が伴う。

하지만, 빛에는 그림자가 동반된다.

  ※ 光(ひかり) 빛　　※ 陰(かげ) 그림자

12. 高い利回りやもうけ話を掲げた怪しげな業者が、

높은 이율이나 돈버는 이야기를 내세운 수상한 업자가,

  ※ 利回(りまわ)り 이율　　※ もうけ話(ばなし) 돈버는 이야기
  ※ 怪(あや)しげだ 이상하다, 수상하다, 의심스럽다

13. 金融自由化の旗手のような顔付きで擦り寄ってくるかもしれない。

금융 자유화의 기수와 같은 얼굴로 가까이에 다가올 지도 모른다.

  ※ 旗手(きしゅ) 기수　　※ 顔付(かおつ)き 얼굴, 용모, 표정
  ※ 擦(す)り寄(よ)る 가까이에 바짝 다가오다
  ※ ～かもしれない 구문연구 9 참조

14. 自由化や規制緩和で役所の口出しを減らすことは、

자유화나 규제 완화로 관청의 간섭을 줄이는 일은,

  ※ 役所(やくしょ) 관청　　※ 口出(くちだ)し 말참견, 간섭

15. ビッグバンが無秩序な弱肉強食の世界を持ち込むことであっては

빅뱅이 무질서한 약육강식의 세계를 가져오는 것이어서는

  ※ 持(も)ち込(こ)む 가지고 들어오다, 반입하다, 가져오다

 博物館の中に飲食物を持ち込んではいけません。

박물관 안에 음식물을 반입해서는 안 됩니다.

ぼくたちは、粘りに粘って、とうとう延長戦に持ち込んだ。

우리들은, 끈질기게 달라붙어, 드디어 연장전으로 끌고 들어왔다.

島の人たちから相談事を持ち込まれると、先生は親切に応対していた。

섬사람들로부터 상담이 들어오면, 선생님은 친절히 대하셨다.

16. なかでも十分な情報を得にくい小口の投資家が、

그 중에서도 충분한 정보를 얻기 어려운 소액 투자가가,

❋ 小口(こぐち)(↔大口(おおぐち) 소액

❋ ～(し)にくい ～(하)기 어렵다　☞ ～にくい 구문연구 75 참조

17. 不利な立場に追い込まれないための手だてを講じることだ。

불리한 입장에 내몰리지 않기 위한 수단을 강구하는 일이다.

❋ 手(て)だて 수단, 방법　　❋ 講(こう)じる 강구하다, 강의하다

❋ 追(お)い込(こ)む 몰아넣다

 窮地に追い込まれた私を、先生が救ってくださったのです。

궁지에 몰린 나를, 선생님이 구해 주셨습니다.

海底に網を張り、隠れていた魚を追い込むという古来の漁法がある。

해저에 그물을 치고, 숨어 있던 물고기를 몰아넣는다는 고래의 어법이 있다.

18. 証券分野での思いきった自由化と同時に、

증권 분야에서의 과감한 자유화와 동시에,

❋ 思(おも)いきった 대담한, 과감한

19. 自らに不利なものでも隠し立てしないことを義務づける必要がある。

스스로에게 불리한 것이라도 숨기지 않는 것을 의무사항으로 할

필요가 있다.

❀ 損(そん)を抱(かか)える 손해를 떠안다

❀ 述(の)べる 말하다, 진술하다, 기술하다

20. バブルの崩壊で損を抱えた投資家から多くの訴訟をおこされている。
버블 붕괴로 손해를 떠안은 투자가로부터 많은 소송이 제기되고 있다.

❀ 損(そん)を抱(かか)える 손해를 떠안다　・損(そん) 손해

☞ ～を～られる 구문연구 105 참조

21. 保険料を用立て、保険会社は株式相場に連動した保険を売った。
보험료를 입체해 주고, 보험회사는 주식 시세에 연동한 보험을 팔았다.

❀ 用立(ようだ)てる ① 도움이 되게 한다, 유용하게 하다　② 빌려 주다

例文 君の学資は私が用立てるから、卒業後少しずつかえしてくれればよい。
네 학비는 내가 빌려 줄테니, 졸업 후 조금씩 갚으면 된다.

❀ 連動(れんどう)する 연동하다　　❀ 相場(そうば) 시세

22. 株価の落下で価値を失って新株引き受け権ワラントの販売をめぐり、
주가 하락으로 가치를 잃은 신주 인수권 판매를 둘러싸고,

❀ 株価(かぶか) 주가　・株(かぶ) = 株式(かぶしき) 주식

❀ 新株引(しんかぶ)き受(う)け権(けん) 신주 인수권

23. 物投資に適さない人々に取り引きを勧めないという。
투자에 적합하지 않은 사람들에게는 거래를 권하지 않는다고 하는

❀ 適(てき)する 적합하다　　❀ 勧(すす)める 권하다, 권유하다

24. トラブルが後を絶たない
트러블이 뒤를 끊이지 않는다

❀ 後(あと)を絶(た)たない 뒤를 끊이지 않는다

◈ 絶(た)つ 끊다, 자르다, 그만두다, 차단하다

例文 争いごとは、その根を絶たない限り、いずれまた起るよ。

분쟁은, 그 뿌리를 자르지 않는 한, 언젠가 또 일어난다.

お前のような道楽息子とは今後親子の縁を絶つから、そう思え。

너같은 방탕한 놈과는 앞으로 부자의 연을 끊을테니, 그리 알아라.

去年電話があって以来、消息を絶っていた兄が突然帰ってきた。

작년에 전화가 있고 나서, 소식을 끊고 있던 형이 갑자기 돌아왔다.

25. 法は、こうした原則を　…徹底させるものでなければならない。

법은, 이런 원칙을 …철저하게 하는 것이어야 한다,

◈ 徹底(てってい)させる 철저하게 하다

26. 損害をこうむった投資家には、

손해를 입은 투자가에게는,

◈ 被(こうむ)る 입다, 받다

27. まもなく発足する金融監督庁が抱える職員は、

머지않아 발족하는 금융감독청이 거느리는 직원은,

◈ まもなく 이윽고, 머지않아

28. 金融取引に目を光らせている。

금융 거래에 눈을 번뜩이고 있다,

◈ 目(め)を光(ひか)らせる 눈을 번뜩이다

29. 規制緩和で許認可が減れば、それに携わる公務員がいらなくなる。

규제 완화로 인허가가 줄면, 그에 종사하는 공무원이 필요없게 된다,

◈ 携(たずさ)わる 종사하다, 관여하다　　◈ いる(要る) 필요하다

30. その一部を市場の監視役に振り向けるというのはどうだろう。

그 일부를 시장의 감시역으로 돌리는 것은 어떨까?

※ 振(ふ)り向(む)ける 돌리다, 충당하다

7 裁量労働はバラ色か

(1998.5.1)

🎧07

　きょうのメーデー集会に参加するため、無断で休み、夕方になって、職場に平気で顔を出せるだろうか。

　働く時間や仕事の仕方が個人に任される裁量労働ならば、それも可能だろう。

　衆院で労働基準法の改正案の審議が始まった。改正案には働く環境が様変わりする内容が含まれている。裁量労働をホワイトカラーに広げることがそのひとつだ。

　時間をより有効に使いたいと考える人は、歓迎したい制度かもしれない。だが、ことはそれほど簡単ではない。

　改正案では、一定の要件を満たせば、どの企業も裁量労働の枠を広げられる。

　この制度は、働いた時間ではなく、成果に対して賃金を払うという考え方だ。このため、会社側が過剰な仕事量を要求すれば、実質的なサービス残業を余儀なくされ、働く人が不利益を被る。

　各労働団体は、長年にわたって築き上げてきた八時間労働が崩れかねないなどの理由から、その拡大に反対している。ことしのメーデーでは、これを含む労基法改正反対が主題だ。

　裁量労働はいま、デザイナーやディレクターなど十一業務に認められている。時間配分などを上司が指示することが難しく、仕事の方法も個人にゆだねる必要がある、との理由からだ。

　改正案で広げられる対象は、本社など中枢部門での企画、立案、調査、分析の仕事をする人である。だが、企画、立案といっても企業や職場によって内容はさまざまだ。実際に導入する企業で、社員一人ひとりの仕事について、それが裁量労働にふさわしいかどうかの検討がいる。

　改正案では、主な事業所ごとに新たに設ける労使委員会が、その作業にあたることになっている。委員の半数は従業員の過半数を代表する人で、委員会の決定には全会一致を求めている。

　一見、公正な運用ができそうだが、安心はできない。たとえば、労働組合がない会社で労使協定を結ぶ場合、「従業員を代表する」はずの人が、実際は会社側の労務担当者だったりするケースがあるからだ。

労使委員会の仕事は数多い。

なにより、望まない人に裁量労働を押しつけてはならない。断った人が不利な評価を受けてはいけないのも当然だ。

働き方を自由にするためには、それぞれの職場で当事者とよく話し合って、個々の仕事の達成目標を決める必要がある。

その達成度が評価につながるだけに、評価制度をガラス張りにし、不満がある場合はそれを吸い上げる仕組みがいる。

裁量労働は職場の文化さえ変えるものだ。じょうずに運用できれば仕事の成果が上がり、意欲も高まる。逆に、働く人たちの納得が得られなければ成功しまい。

たとえ法律に基づく労使委員会ができたとしても、うまく機能するには労組のバックアップが欠かせない。

裁量労働制を取り入れる企業は、労働基準監督署に届け出ることになっている。その対象者を広げるにしても、企業の規模や労組の有無などを考慮して実施を認める、という姿勢が求められよう。

その場合、しっかりした労組をもち、労使がふだんから腹蔵なく話し合えるような企業から、段階を踏む慎重さがほしい。

四年前から事実上の裁量労働を大幅に拡大した富士通は、いまも見直しを続けているが、課題はつきないという。

裁量	재량	労働	노동	集会	집회	職場	직장	有効	유효
一定	일정	要件	요건	成果	성과	賃金	임금	過剰	과잉
要求	요구	実質	실질	残業	잔업	主題	주제	配分	배분
上司	상사	指示	지시	中枢	중추	企画	기획	立案	입안
分析	분석	作業	작업	半数	반수	従業員	종업원	過半数	과반수
代表	대표	運用	운용	協定	협정	労務	노무	達成	달성
納得	납득	労組	노조	有無	유무	考慮	고려	実施	실시
姿勢	자세	段階	단계	慎重	신중	大幅	대폭		

1. メーデー 裁量労働はバラ色か
근로자의 날 재량노동은 장미빛인가

　⊛ メーデー(May-day) 메이데이, 근로자의 날　　⊛ ばら 장미

2. 無断で休み、夕方になって職場に平気で顔を出せるだろうか。
무단으로 쉬고, 저녁이 되어 직장에 태연하게 얼굴을 내밀 수 있을까?

　⊛ 平気(へいき) 태연함, 걱정없음　　⊛ 顔(かお)を出(だ)す 얼굴을 내밀다

3. 働く時間や仕事の仕方が個人に任される裁量労働ならば、
일하는 시간이나 일의 방법이 개인에 맡겨지는 재량노동이라면,

　⊛ 働(はたら)く 일하다, 움직이다, 작용하다

例文　額に汗して働く姿は美しいものです。
이마에 땀을 흘리며 일하는 모습은 아름다운 것입니다.

あんなまじめな青年が悪事を働くなんて考えられない。
그런 성실한 청년이 나쁜 짓을 하다니 생각할 수 없다.

パニック状態に陥ったりすると、人間は理性が働かなくなるものだ。
패닉 상태에 빠지거나 하면, 인간은 이성이 작용하지 않게 되는 법이다.

動いている地球から落ちないのは、地球に引力が働いているからだ。
움직이고 있는 지구에서 떨어지지 않는 것은, 지구에 인력이 작용하고 있기 때문이다

　⊛ 仕事(しごと)の仕方(しかた) 일의 방법

　⊛ 任(まか)せる 맡기다　　・委(まか)される(＝委せられる) 맡겨지다

4. 働く環境が様変わりする内容が含まれている。
일하는 환경이 변모하는 내용이 포함되어 있다.

❀ 様変(さまが)わりする 변화/변모하다

5. 一定の要件を満たせば、どの企業も裁量労働の枠を広げられる。
일정 요건을 채우면, 어느 기업도 재량노동의 틀을 확대할 수 있다.

❀ 満(み)たす 채우다, 충족/만족시키다
❀ 枠(わく)を広(ひろ)げる 틀을 확대하다/넓히다

6. 会社側が過剰な仕事量を要求すれば、
회사측이 과다한 일의 양을 요구하면,

❀ 過剰(かじょう) 과잉, 과다

7. 実質的なサービス残業を余儀なくされ、働く人が不利益を被る。
실질적인 서비스 잔업을 할 수밖에 없게 되어, 일하는 사람이 불이익을 받는다.

❀ 余儀(よぎ)なくされる 어쩔 수 없이 ～하게 되다
☞ ～余儀(よぎ)なくされる 구문연구 104 참조

8. 長年にわたって築き上げてきた八時間労働が崩れかねないなどの
오랜 기간에 걸쳐 쌓아 온 8시간 노동이 붕괴될 지도 모른다는 등의

❀ 長年(ながねん)にわたって 오랜 기간에 걸쳐
❀ 築(きず)き上(あ)げる 쌓아올리다, 구축하다
❀ 崩(くず)れる 붕괴하다, 무너지다

9. 主な事業所ごとに新たに設ける労使委員会が、
주요 사업소마다 새로이 설치할 노사위원회가,

❋ 主(おも)な 주된, 주요한

❋ 設(もう)ける 마련하다, 설치하다, 만들다

例文 この夏、彼は口実を設けて故郷へは帰らなかった。

이번 여름, 그는 구실을 만들어 고향에는 돌아가지 않았다.

博士は自宅に郷土研究所を設けて、若い学者を育てはじめた。

박사는 자택에 향토연구실을 마련하여, 젊은 학자를 기르기 시작했다.

結婚した友人のために、友達が集まって一席設けることになった。

결혼한 친구를 위해, 친구들이 모여 한자리 마련하게 되었다.

10. 一見、公正な運用ができそうだが、安心はできない。

언뜻 보기에, 공정한 운용이 될 것 같지만, 안심은 할 수 없다.

❋ 一見(いっけん) 언뜻 보기에　　☞ ～そうだ 구문연구 31 참조

11. 会社で労使協定を結ぶ場合「従業員を代表する」はずの人が、

회사에서 노사협정을 맺는 경우 종업원을 대표해야 할 사람이,

❋ 結(むす)ぶ 체결하다, 맺다, 연결하다

12. なにより、望まない人に裁量労働を押しつけてはならない。

무엇보다, 원하지 않는 사람에게 재량노동을 밀어붙여서는 안 된다.

❋ 望(のぞ)む 바라다, 원하다

❋ 押(お)しつける 밀어붙이다, 떠맡기다, 강제하다

13. 断った人が不利な評価を受けてはいけないのも当然だ。

거절한 사람이 불리한 평가를 받아서는 안 되는 것도 당연하다,

❋ 断(ことわ)る　① 거절하다　② 미리 알리다, 사전 양해를 구하다

例文 彼女をデートに誘ったけれど、あっさりと断られた。

그녀에게 데이트를 청했지만, 단번에 거절당했다.

だれに 断（ことわ）って、人（ひと）の家（いえ）に上（あ）がりこんだんだ。

누구한테 미리 말하고, 남의 집에 들어온 거냐?

頭痛（ずつう）がひどかったので、先生（せんせい）に 断（ことわ）って早退（そうたい）した。

두통이 심했기에, 선생님에게 양해를 구하고 조퇴했다.

☞ ～てはいけない 구문연구 50 참조

---

14. 働き方を自由にするためには、それぞれの職場で当事者と

일하는 방법을 자유롭게 하기 위해서는, 각각의 직장에서 당사자와

❀ 働（はたら）き方（かた） 일하는 방법　　❀ それぞれ 각각, 각자

---

15. 個々の仕事の達成目標を決める必要がある。

각각의 일의 달성 목표를 정할 필요가 있다.

❀ 個々（ここ）の仕事（しごと） 각각의 일

---

16. 達成度が評価につながるだけに、評価制度をガラス張りにし、

달성도가 평가에 이어지는 만큼, 평가제도를 투명하게 하여,

❀ つながる 이어지다, 관련되다　　❀ ～だけに ～만큼

❀ ガラス張（ば）り 숨김없음, 공명정대함, 투명함

☞ ～だけに 구문연구 34 참조

---

17. 不満がある場合はそれを吸い上げる仕組みがいる。

불만이 있는 경우는 그것을 반영하는 구조가 필요하다.

❀ 吸（す）い上（あ）げる 빨아 올리다, 착취하다, 반영하다

---

18. 裁量労働は職場の文化さえ　…仕事の成果が上がり意欲も高まる。

재량노동은 직장의 문화조차 …성과가 오르고 의욕도 높아진다.

❀ 上（あ）がる 오르다　　☞ ～さえ 구문연구 19 참조

19. 逆に、働く人たちの納得が得られなければ成功しまい。

역으로, 일하는 사람들의 납득을 얻지 못하면 성공하지 못할 것이다.

◉ 納得(なっとく)が得(え)られる 납득을 얻다

20. たとえ法律に基づく労使委員会ができたとしても、

설령 법률에 의거한 노사위원회가 만들어졌다고 해도,

◉ たとえ 설령, 비록

21. 裁量労働制を取り入れる企業は、労働基準監督署に届け出ること

재량노동제를 받아들이는 기업은, 노동기준 감독서에 신고하는 것

◉ 取(と)り入(い)れる ① 거두어 들이다, 수확하다 ② 받아 들이다, 도입하다

例文 九月も半ばとなり、そろそろ稲を取り入れる時期だ。

9월도 중순이 되고, 이제 곧 벼를 거두어 들일 시기다.

日本は、古い時代から外国の文化を取り入れてきた。

일본은, 옛 시대부터 외국 문화를 받아들여 왔다

◉ 届(とど)け出(で)る 신고하다

22. その対象者を広げるにしても、

그 대상자를 확대한다 해도,

◉ ～にしても ～(한)다 해도　　☞ ～にしても 구문연구 76 참조

23. しっかりした労組をもち、労使がふだんから腹蔵なく話し合える

튼튼한 노조를 갖고, 노사가 평소부터 솔직하게 서로 대화할 수 있는

◉ しっかり 견고히, 단단히, 튼튼히, 확실히, 똑똑히, 착실히

◉ ふだん 평소, 평상시

◉ 腹蔵(ふくぞう)なく 솔직하게, 숨김없이　・腹蔵 마음에 싸고 비밀로 함

24. 段階を踏む慎重さがほしい。

단계를 밟는 신중함이 있으면 좋겠다.

* 踏(ふ)む 밟다
* ほしい ① 갖고 싶다, 탐나다 ② 있으면 좋겠다

25. いまも見直しを続けているが、課題はつきないという。

지금도 재검토를 계속하고 있지만, 과제는 끝이 없다고 한다.

* 見直(みなお)し 재검토, 다시 봄
* 尽(つ)きる 다하다, 떨어지다, 바닥나다, 끝나다

例文 味方の軍はすでに弾が尽き、敗色濃厚となった。

아군은 이미 탄환이 떨어져, 패색이 농후해졌다.

林から続く道は、湖に出るところで尽きていた。

숲에서 이어지는 길은, 호수로 나오는 곳에서 끝나 있었다.

予想外の出費が続いて、用意していた資金も尽きてしまった。

예상 외의 지출이 계속되어, 준비되어 있던 자금도 바닥나 버렸다.

破竹の勢いだったわが軍の運も、どうやらここで尽きてしまったようだ。

파죽지세였던 우리 군의 운도, 아무래도 여기에서 다해 버린 것 같다.

義務化で医療に信頼を

(1998.5.7)

08

　患者の七割が自分のカルテを「見たい」と思っている。健康保険組合連合会による意識調査の結果である。

　自分についてどんなことが書かれているか、だれでも気にかかる。それを読むことは医療に関する基本的人権だ、という考えが国際的に常識になってきた。

　世界医師会は一九九五年、インドネシアでの総会で、「患者の権利に関するリスボン宣言」に「情報に関する権利」の項目を加え、こう述べている。

　「患者は自己のあらゆる医療記録に記された情報の提供を受ける権利をもつ」

　世界保健機関(WHO)も、九四年の「患者の権利の促進に関する宣言」で同様の権利を明確に打ち出した。

　日本でも、厚生省の「カルテ等の診療情報の活用に関する検討会」の論議が大詰めを迎えている。検討会は昨年七月から公開で催されており、一般市民が直接、あるいは手紙やインターネットで意見を述べる機会も設けた。国際的に通用する法制化に向けての提言を期待したい。

　カルテ開示に消極的な人びとの中には、「がん患者がカルテを読んで悲観し、自殺したら困る」「精神病患者が読んだら、トラブルのもとだ」という声がある。

　こうした意見に対し、委員の埼玉県立ガンセンター・武田文和総長は検討会の席上、「それは取り越し苦労」と言った。

　同センターでは五年前から、診療記録、看護記録、検査結果などをとじこんだカルテを手提げ袋に入れて患者に渡し、院内を移動する際に運んでもらうようにした。

　「カルテに記された情報は患者さんのもの。運ぶ途中で読んでも、さしつかえはない」という職員の発案からだった。医師のごく一部が反対だったが、「読まれるのに堪えない記載があるとすれば、これがきっかけで改善を促すことになる」という意見が出て、結局、全員が賛成した。

　患者からは「読んでみて、主治医や看護婦からの説明にうそはないと分かったので、妙な安心感があった」などと評判はよく、苦情はまったくないという。

やはり委員の国立精神・神経センターの高橋清久総長も、経験から精神科の患者を特別あつかいすることに反対した。

「自己決定権を尊重することで、患者さんの治療参加が進む。見られる、という自覚からカルテへの記載が的確になり、医療の質も向上する。情報を共有することで信頼関係が深まる」と高橋さんは述べた。

カルテを開示する方向については、検討会の意見はほぼ一致しているようだ。ただ座長の森島昭夫上智大学教授が示した法制化案には、委員の中から異論も出た。

「カルテは人に見せることを前提として書かれていない」「きちんとしたカルテを書ける条件が整ってから法制化すべきだ」というような主張だ。

これは、患者の立場からは理解しにくい議論である。

診療記録は、医師法や医療法で定められた文書だ。チーム医療が重視される時代に「人に見られることを予想していないカルテ」は、あってはならないものだ。

外来の待ち時間に患者が自分のカルテを自由に読める。窓口でコピーもしてくれる。そんな医療機関が、まだ数は少ないが出始めている。そこでは患者の信頼が深まっている、という事実を大切にしたい。

法制化で開示を義務づける基盤は整ったといえるのではないか。

医療 의료	患者 환자	組合 조합	連合 연합	調査 조사
人権 인권	常識 상식	医師 의사	総会 총회	項目 항목
診察 진찰	通用 통용	提言 제언	消極的 소극적	悲観 비관
席上 석상	総長 총장	看護 간호	院内 원내	途中 도중
職員 직원	記載 기재	主治医 주치의	評判 평판	神経 신경
的確 적확	共有 공유	座長 좌장	教授 교수	基盤 기반
法制化 법제화	前提 전제	外来 외래		

1. カルテの開示

차트 공개

  ❀ **カルテ** 차트   ❀ **開示(かいじ)** 공개

2. 自分についてどんなことが書かれているか、だれでも気にかかる。

자신에 관해 어떤 것이 써 있는지, 누구라도 신경이 쓰인다.

  ❀ **気(き)にかかる** 마음에 걸리다, 신경이 쓰이다, 걱정이 되다

3. それを読むことは医療に関する基本的人権だ、という考え

그것을 읽는 것은 의료에 관한 기본적 인권이다, 라는 생각

  ❀ **～関(かん)する** ～관한

4. 患者の権利に関するリスボン宣言に情報に関する権利の項目

환자의 권리에 관한 리스본 선언에 정보에 관한 권리 항목

  ❀ **リスボン宣言(せんげん)** 리스본 선언

5. 患者は自己のあらゆる医療記録に記された情報の提供

환자는 자기의 모든 의료 기록에 적혀진 정보 제공

  ❀ **あらゆる** 모든, 온갖   ❀ **記(しる)す** 적다, 기록하다

6. 同様の権利を明確に打ち出した。

같은 권리를 명확히 내놓았다.

  ❀ **同様(どうよう)** 같음, 마찬가지임

7. 検討会は昨年七月から公開で催されており、

검토회는 작년 7월부터 공개로 개최되고 있어,

* 催(もよお)す 개최하다, 불러 일으키다, 느끼다

例文 新聞社主催により、緑を守る運動のためのバザーが催された。

신문사 주최로, 녹음을 지키는 운동을 위한 자선 바자가 개최되었다.

眠気を催すような来賓の挨拶は、いつ終わるともなく続いた。

졸음을 불러 일으키는 내빈의 인사는, 언제 끝날 줄 모르고 계속됐다.

男は冷たく肌を刺す風に寒気を催して、コートのえりを立てた。

남자는 차갑게 피부를 찌르는 바람에 한기를 느껴, 코트 깃을 세웠다.

～ておる 구문연구 42 참조

8. 一般市民が直接、あるいは手紙やインターネットで

일반 시민이 직접, 혹은 편지나 인터넷으로

* あるいは 혹은, 또는

9. 国際的に通用する法制化に向けての提言を期待したい。

국제적으로 통용되는 법제화를 향한 제언을 기대하고 싶다.

* 通用(つうよう)する 통용되다
* ～に向(む)けての ～을 향한
* 向(む)ける 향하다, 돌리다, 충당하다

例文 風が次第に強まり、やがて顔も向けられないほどの暴風雨になった。

바람이 점차 거세져, 이윽고 얼굴도 향할 수 없을 정도의 폭풍우가 됐다.

母にしかられると、弟は背を向けてぶつぶつ言いながら出ていった。

엄마에게 꾸중을 듣자, 동생은 등을 돌리고 투덜대면서 나갔다.

～通用(つうよう)する 구문연구 29 참조

I0. 精神病患者が読んだら、トラブルのもとだという声がある。

정신병 환자가 읽으면, 트러블의 원인이라는 소리도 있다.

- ⊛ 元(もと) 근원, 기원, 본래, 원인, 밑천, 본전

例文 一度壊れた皿は、どんなにしても元のとおりにはならなかった。

한번 부서진 접시는, 어떻게 해 보아도 원래대로는 되지 않았다.

けっこう元がかかっているから千円で売らないと元がとれない。

꽤 밑천이 들었으니 천엔에 팔지 않으면 본전이 빠지지 않는다.

II. 検討会の席上、「それは取り越し苦労」と言った。

검토회 자리에서, 그것은 쓸데없는 걱정이라고 말했다.

- ⊛ 取(と)り越(こ)し苦労(ぐろう) 쓸데없는 걱정, 근심, 기우

I2. 検査結果などをとじこんだカルテを手提げ袋に入れて患者に渡し、

검사 결과 등을 철한 차트를 휴대용 봉투에 넣어 환자에게 건네주고,

- ⊛ とじこむ 철하다
- ⊛ 手提(てさ)げ袋(ぶくろ) 휴대용 봉투
- ⊛ 渡(わた)す 건네주다, (넘겨)주다

I3. 院内を移動する際に運んでもらうようにした。

원내를 이동할 때에 가지고 오게 했다.

- ⊛ ～際(さい) ～때, 기회
- ☞ ～際(さい)に 구문연구 18 참조

I4. 運ぶ途中で読んでも、さしつかえはないという職員の発案

가지고 가는 도중에 읽어도, 지장은 없다고 하는 직원의 제안

- ⊛ さしつかえ 지장　　⊛ 発案(はつあん) 생각해 냄, 안을 냄

15. 医師のごく一部が反対だったが、

의사의 극히 일부가 반대였지만,

⁂ ごく 극히, 대단히

16. 読まれるのに耐えない記載があるとすれば、これがきっかけで

읽혀서는 안 될 기재가 있다고 하면, 이것이 계기로

⁂ 耐(た)える ① 견디다, 참다 ② ~할 수 있다, ~할 만하다

例文 私は満身の気力を奮い起こして手術の苦痛に耐えた。

나는 온 몸의 기력을 불러 일으켜 수술의 고통을 참았다.

さまざまな植物が砂浜の厳しい環境に耐えて生育している。

여러 식물이 모래사장의 혹독한 환경에 견디며 생육하고 있다.

中には読むに耐えないものもあるので、良い本を選ぶことが大事だ。

그 중에는 읽을 만하지 못한 것도 있으니, 좋은 책을 고르는 것이 중요하다.

☞ ～に耐(た)える 구문연구 79 참조

17. 妙な安心感があったなどと評判はよく苦情はまったくないという。

묘한 안심감이 있었다 등으로 평판은 좋고 불만은 전혀 없다고 한다.

⁂ 妙(みょう)だ 묘하다
⁂ 苦情(くじょう) 불만, 불평
⁂ まったく 완전히, 아주, 전혀, 전적으로

18. 精神科の患者を特別あつかいすることに反対した。

정신과 환자를 특별 취급하는 것에 반대했다.

⁂ ～あつかい ~취급

19. 見られる、という自覚からカルテへの記載が的確になり、

누군가가 본다고 하는 자각에서 진료 차트에 대한 기재가 정확하게 되고,

◎ 見(み)られる (누군가가) 보다

例文 人に見られることを予想していないカルテは

타인이 볼 것을 예상하지 않는 차트는

◎ 的確(てきかく) 적확, 확실

---

20. 情報を共有することで信頼関係が深まると高橋さんは述べた。

정보를 공유함으로써 신뢰 관계가 깊어진다고 高橋 씨는 말했다.

◎ 深(ふか)まる 깊어지다

---

21. 検討会の意見はほぼ一致しているようだ。

검토회의 의견은 거의 일치하고 있는 것 같다.

◎ ほぼ 거의

---

22. きちんとしたカルテを書ける条件が整ってから法制化すべきだ

똑바른 진료 차트를 쓸 수 있는 조건이 갖추어지고 나서 법제화해야한다

◎ きちんと 정확히, 똑바로, 깔끔히

◎ 整(ととの)う 갖추어지다, 정돈되다

例文 彼女は親譲りの整った顔だちをしている。

그녀는 부모로부터 물려받은 균형잡힌 용모를 하고 있다.

そのセンターには、設備の整った研究室がいくつもある。

그 센타에는, 설비가 갖추어진 연구실이 여러 개 있다.

旅行に出かけるのは、体調が整ってからにしたほうがいい。

여행을 가는 것은, 몸 상태가 정돈되고 난 다음에 하는 편이 좋겠다.

☞ 〜てから 구문연구 43 참조

---

23. 外来の待ち時間に患者が　…窓口でコピーもしてくれる。

외래의 대기 시간에 환자가 …창구에서 복사도 해 준다.

◉ 待(ま)ち時間(じかん) 기다리는 시간　　◉ 窓口(まどぐち) 창구

24. そんな医療機関が、まだ数は少ないが出始めている。
그런 의료기관이, 아직 수는 적지만 나오기 시작하고 있다.

◉ 出始(ではじ)める 나오기 시작하다
☞ 〜(し)始(はじ)める 구문연구 90 참조

25. 患者の信頼が深まっている、という事実を大切にしたい。
환자의 신뢰가 깊어지고 있다, 라는 사실을 소중히 했으면 한다.

◉ 大切(たいせつ)にする 소중히 하다

9 国民年金
財源論議に踏み出そう

(1998.6.16)

年金の保険料は二千万人強が払うはずなのに、支払いを拒否したり滞納したり、経済的理由で納入を免除されたりしている人が三分の一以上ある。

自営業者らを対象とする国民年金の深刻な状況が総務庁の行政監察でも確認され、同庁は厚生省に改善策を勧告した。

大筋において当然の内容といえる。行政監察としては遅すぎたくらいだ。

ただちに見直すべきなのは、一九九一年度から国民年金への加入が義務づけられた二十歳以上の学生の保険料である。

二十歳になる前に病気や事故で障害を抱えた場合には、二十歳以降、生涯にわたって障害年金が出る。だが、二十歳になってからだと国民年金に加入していなければ障害年金は出ない。その欠陥を埋めるというのが、加入を義務づけた理由だった。

今年度は、一人月一万三千三百円の保険料を払わなくてはならない。けれども、総務庁の行政監察によれば、対象学生の半数以上が保険料を払っていない。払っている学生も九三％は親が負担している。

学生のほとんどは収入がない。たいていは親に請求が回される。

ただでさえ教育費がかかるときだ。「年金保険料まで払う余裕がない」と納入を拒む父母が多い。「いっそのこと私たちも年金から抜けたい」といって、家族ぐるみで国民年金から脱落する例もある。

収入のない学生に機械的に保険料の支払い義務を課すという制度そのものに、政策上の誤りがあったというほかない。九九年度の制度改正で、ぜひ改善すべきだ。

在学中は一律に保険料の納入を猶予し、卒業後に数年間かけて払ってもらうという勧告の案は検討に値する。障害年金の受給権を与えるのが目的なら、それに見合った低額保険料にとどめる方法もある。

学生の保険料問題は、空洞化の一つの側面にすぎない。そもそも対象者の三分の一が保険料を払っていないという国民年金の現状そのものが、きわめて重大だ。

勧告は、保険料の納入率を上げる方策をいくつか示した。国民健康保険の保険料と一緒に徴収したり、基礎年金番号と住民基本台帳をつき合わせて未加入者を洗い出し、督促したりするといったものだ。

　これらに一定の効果は期待できよう。しかし、制度が抱える根本的な問題にメスを入れずに、保険料の納入率を上げる努力を続けても、そのための事務費のほうがかえって大きくなるおそれもある。

　空洞化の原因として見逃せないのは、国民の間に広がる年金不信と、保険料が所得に関係のない定額制で、しかも毎年引き上げられ、負担感が増していることだ。

　老後の生活の最低水準を支える年金は確実に支給される。そんな将来像を国民に示すことが信頼回復には欠かせない。

　同時に、保険料の上昇を抑えて負担感をやわらげる必要もある。

　この二つの相反する課題を解決しようとすれば、年金財源の国庫負担割合を高めることが避けて通れないのではないか。

　老後に支給される基礎年金の財源は、三分の一が国庫負担で三分の二は保険料である。前回の改正を審議した九四年の国会で、国庫負担割合を引き上げるかどうかは九九年改正までの宿題とされる。財政状況は厳しく、国庫負担割合をすぐに引き上げるのは難しい。だが、消費税の扱いを含め、社会保障とその負担の問題を真剣に考えるべきときだと思う。

財源 재원	拒否 거부	滞納 체납	納入 납입	免除 면제
自営業者 자영업자	深刻 심각	総務 총무	監察 감찰	
改善 개선	勧告 권고	加入 가입	障害 장해	生涯 생애
欠陥 결함	収入 수입	請求 청구	余裕 여유	脱落 탈락
一律 일률	受給 수급	低額 저액	空洞化 공동화	現状 현상
徴収 징수	台帳 대장	督促 독촉	根本 근본	原因 원인
不信 불신	所得 소득	定額 정액	老後 노후	最低 최저
支給 지급	回復 회복	国庫 국고	保障 보장	

본문해설

1. 財源論議に踏み出そう

재원논의에 착수하자

※ 踏(ふ)み出(だ)す 착수하다

2. 年金の保険料は二千万人強が払うはずなのに、

연금 보험료는 2천만 명 약간 넘는 수가 낼 터인데,

※ ～強(きょう) ～(수량)약간 넘음/많음   ☞ ～のに 구문연구 87 참조

3. 大筋において当然の内容といえる

대충의 줄거리에 있어서 당연한 내용이라고 말할 수 있다

※ 大筋(おおすじ) 대강, 대충의 줄거리, 요점
※ ～において ～에 있어서
☞ ～において 구문연구 74 참조

4. ただちに見直すべきなのは、

즉시 검토해야 할 것은,

※ ただちに 즉시

5. その欠陥を埋めるというのが、加入を義務づけた理由だった。

그 결함을 메운다라는 것이, 가입을 의무로 한 이유였다.

※ 埋(う)める 묻다, 메우다, 채우다

例文 彼は残された空白を牡丹の花の図案で埋めてみた。

그는 남은 공백을 모란꽃 도안으로 채워 보았다.

青年はその地に骨を埋めるつもりで活動していた。

청년은 그 땅에 뼈를 묻을 작정으로 활동하고 있었다.

こうがい　おか　けず　　ぬま　さわ　う　　　　　たくち　つぎつぎ
郊外の丘を削り、沼や沢を埋めて、宅地は次々とつくられている。
교외 언덕을 깎고, 늪과 습지를 메워, 택지는 계속하여 만들어지고 있다.

6. たいていは親に請求が回される。

대개는 부모에게 청구가 돌아간다.

❋ **たいてい** ① 대강, 대부분(명사)　② 대개, 대체로(부사)

7. ただでさえ教育費がかかるときだ。

그렇지 않아도 교육비가 드는 때다.

❋ **ただでさえ** 그렇지 않아도

8. 「年金保険料まで払う余裕がない」と納入を拒む父母が多い。

연금보험료까지 낼 여유가 없다라고 납입을 거부하는 부모가 많다.

❋ **拒(こば)む** 거부/거절하다, 막다

9. 「いっそのこと私たちも年金から抜けたい」といって

차라리 우리도 연금에서 빠지고 싶다라고 하여

❋ **いっそのこと** 차라리, 도리어　　❋ **抜(ぬ)ける** 빠지다

10. 家族ぐるみで国民年金から脱落する例もある。

가족 모두가 국민연금에서 탈락하는 예도 있다.

❋ **〜ぐるみ** 〜모두, 몽땅

11. 保険料の支払い義務を課すという制度そのものに、

보험료의 지불 의무를 부과한다는 제도 그 자체에,

❋ 課(か)す 가하다, 부과하다   ❋ 〜そのもの 〜그 자체

12. 政策上の誤りがあったというほかない。

정책상의 오류가 있다고 할 수밖에 없다.

❋ 〜というほかない 〜라고 할 수밖에 없다
☞ 〜ほかない 구문연구 95 참조

13. 制度改正で、ぜひ改善すべきだ。

제도 개정으로, 꼭 개선해야 한다.

❋ ぜひ 꼭, 제발, 부디

14. 在学中は一律に保険料の納入を猶予し、

재학중에는 일률적으로 보험료 납입을 유예하고,

❋ 一律(いちりつ)に 일률적으로

15. 数年間かけて払ってもらうという勧告の案は検討に値する。

수년 간 걸쳐서 내게한다고 하는 권고의 안은 검토할 만하다.

❋ 〜に値(あたい)する 〜(할) 가치가 있다, 〜(할) 만하다

16. それに見合った低額保険料にとどめる方法もある。

그에 알맞은 저액 보험료에 머물게 하는 방법도 있다.

❋ 見合(みあ)う 알맞다, 균형잡히다
❋ とどめる ①멈추다, 머물게 하다 ②남기다 ③그치다, 억제하다

例文 調査や実験の結果を、私は克明に記録にとどめた。

조사나 실험 결과를, 나는 극명하게 기록에 남겼다.

今日は問題点をあげるだけにとどめておきましょう。

오늘은 문제점을 드는 것만으로 남겨 둡시다.

その景色のすばらしさに、私は足をとどめて見入っていた。

그 경치의 훌륭함에, 나는 발을 멈추고 넋을 잃고 있었다.

田畑は住宅地と変わったが、山の方はまだ昔の姿をとどめている。

논밭은 주택지로 변했지만, 산쪽은 아직 옛모습을 간직하고 있다.

17. 学生の保険料問題は、空洞化の一つの側面にすぎない。

학생의 보험료 문제는, 공동화의 한 측면에 지나지 않는다.

※ ～にすぎない ～에 지나지 않는다, 불과하다

☞ ～にすぎない 구문연구 77 참조

18. そもそも対象者の　…現状そのものが、きわめて重大だ。

애당초 대상자의 …현상 그 자체가, 매우 중요하다.

※ そもそも 애당초, 원래부터

19. 住民基本台帳をつき合わせて未加入者を洗い出し、

주민기본대장을 대조하여 미가입자를 철저히 밝혀내어,

※ つき合(あ)わせる 맞대다, 대조하다, 대질시키다

※ 洗(あら)い出(だ)す 철저히 밝혀내다

20. 制度が抱える根本的な問題にメスを入れずに、

제도가 안고 있는 근본적인 문제에 칼을 대지 않고,

※ メスを入れる 칼을 대다

☞ ～ずに 구문연구 27 참조

21. 事務費のほうがかえって大きくなるおそれもある。

사무비 쪽이 오히려 커질 우려도 있다.

※ ～おそれ ～우려, 염려

22. 空洞化の原因として見逃せないのは、

공동화의 원인으로서 빠트릴 수 없는 것은,

❋ 見逃(みのが)す ① 못보고 빠뜨리다, 놓치다

② 눈감아주다, 묵인하다

例文 それによって生じる公害の問題を見逃すことはできない。

그에 따라 발생하는 공해 문제를 빠뜨릴 수는 없다.

今度だけは見逃してやるけど、もう二度とこんなことしてはいけない。

이번만은 봐 주겠지만, 두 번 다시 이런 짓 해서는 안 된다.

23. しかも毎年引き上げられ、負担感が増していることだ。

더구나 매년 인상되어, 부담감이 늘고 있는 것이다,

❋ しかも 게다가, 더구나

❋ 引(ひ)き上(あ)げる 끌어 올리다, 인상하다

❋ 増(ま)す ① 많아지다, 불어나다, 늘다(자동사)

② 늘리다, 불리다, 더하다(타동사)

例文 字数が増すと電報料金も高くなります。

글자 수가 많아지면 전보 요금도 비싸집니다.

水かさを増した川は、各地で洪水を起こした。

물의 양이 불어난 강은, 각지에서 홍수를 일으켰다

列車は次第に速度を増し、その心地よい振動が眠りを誘った。

열차는 점차 속도를 더하고, 그 기분 좋은 진동이 잠을 불러왔다.

24. 老後の生活の最低水準を支える年金は確実に支給される。

노후 생활의 기본 수준을 지탱하는 연금은 확실히 지급된다,

❋ 支(ささ)える 지지/지탱하다, 떠받치다

25. 保険料の上昇を抑えて負担感をやわらげる必要もある。

보험료 상승을 억제하고 부담감을 누그러뜨릴 필요도 있다,

◈ やわらげる 누그러뜨리다, 부드럽게 하다

26. 国庫負担割合を高めることが避けて通れないのではないか。

국고 부담 비율을 높이는 일이 피하고 지날 수 없는 것이 아닌가!

◈ **割合(わりあい)** 비율　　◈ **高(たか)める** 높이다

◈ **避(さ)けて通(とお)れない** 피하고 지날 수 없다

27. 国庫負担割合を引き上げるかどうかは九九年改正までの宿題とされる。

국고 부담 비율을 인상할지 어떨지는 99년 개정까지의 숙제로 여겨진다.

◈ **～とされる** ～로 여겨지다, 판단되다

☞ **～とされる** 구문연구 61 참조

28. 社会保障とその負担の問題を真剣に考えるべきときだと思う。

사회보장과 그 부담 문제를 진지하게 생각해야 할 때라고 생각한다.

◈ **真剣(しんけん)** 진지

デジタル時代
市民社会への活用こそ

(1998.7.11)

🎧10

　テレビ放送は、デジタル化によってチャンネル数を飛躍的にふやし、品質の高い映像を流せるようになった。しかしそのわりに、デジタル化の恩恵が国民に及んでいるとは思えない。

　通信衛星(CS)は、デジタル技術を多チャンネル化に活用し、現在、二つの会社を通じて、約二百六十チャンネルが放送されている。

　放送衛生(BS)も、二〇〇〇年ごろから、現在のアナログ放送に新たなチャンネルが加わり、ハイビジョンのような精度の高いデジタル放送を流す予定だ。

　衛星放送を追いかけるように、テレビ塔から電波を流す一般の地上波や有線を利用するケーブルテレビ(CATV)も、デジタル化を進めることにしている。

　とくに、地上波については、二〇〇三年から本放送を始め、二〇一〇年を目安にいまのアナログ放送をなくす。郵政省の地上デジタル放送懇談会の中間報告で示されたのは、このような方向である。

　しかし、デジタル化が進む中で、広がっていく放送資源を、どう国民に役立つものにするのか。どうやって「公共の福祉に適合」(放送法第一条)させていくのか、といった議論はほとんどなされていない。

　世界の各地で暮していた日本人が帰国して驚くのは、ほかの国なら排除される性描写や暴力シーンなどが、ブラウン管を通じて無遠慮に入ってくることだろう。

　このままでデジタル化が進んで起きるのは、このようなたぐいの「テレビ文化」の拡散だけ、ということにならないか。

　行政機関の情報公開や議会の公開、障害者やお年寄りの暮らしの補助、地域の情報交換や連帯感の向上、市民の文化や運動の紹介、日本で暮らす外国人への支援、社会教育や生涯教育………。テレビの使い道はいくらもある。

　米国では、新しくCATVができると、地域の市民や教育機関、地方自治体にチャンネルを開放している。その結果、民間の非営利組織(NPO)などが中心になり、市民がさまざまな情報を自由に発信する機会が広がっている。

日本でも、地域や教育、福祉に関連する放送は始まっている。だが市民社会を成熟させる手だてとして、テレビ放送を活用する試みはまだ不足している。

こうした気運が国民の間で高まれば、「放送ビジネスの振興」に気を取られている郵政省や、視聴率に一喜一憂している既存の放送会社などの姿勢にも、変化が期待できるのではないか。

また、放送の質を高めていくためには、少なくとも、子どもたちに見せたくない場面を、視聴者の選択が働きにくい無料放送からは排除するような仕組みが必要だ。

米国では、政府が放送の内容に直接、干渉した場合、「言論の自由」に触れるおそれがあるため、独立した行政機関の連邦通信委員会(FCC)が放送の品位を保つための規制をしている。

郵政省がテレビ放送の許認可権を一手に握るという、日本の仕組みも根本から考え直す時期にきている。

デジタル化は、放送のビックバンといわれる大きな変化をもたらす。国民的な議論が必要だが、現実には、これを急ぐ郵政省の方針が先行しているようにみえる。

デジタル化への入り口に立ついまこそ、電波は国民の資源、という原点に戻り、放送のあり方を考える好機ではないか。

飛躍	비약	映像	영상	恩恵	은혜	衛生	위성	電波	전파
地上波	지상파	公共	공공	排除	배제	描写	묘사	拡散	확산
補助	보조	連帯	연대	運動	운동	開放	개방	営利	영리
発信	발신	成熟	성숙	気運	기운	振興	진흥	干渉	간섭
言論	언론	独立	독립	品位	품위	原点	원점	好機	호기

1. 品質の高い映像を流せるようになった。

품질이 높은 영상을 내보낼수 있게 되었다.

⊛ 流(なが)す 흘리다, 흘려 보내다, (내)보내다

2. そのわりに、デジタル化の恩恵が国民に及んでいるとは思えない。

그런 것 치고, 디지털화의 은혜가 국민에게 미치고 있다고는 생각할 수 없다.

⊛ そのわりに 그런 것 치고

⊛ 及(およ)ぶ 미치다, 이르다, 달하다

例文 会社にまで迷惑が及ぶとは思わなかったよ。

회사에까지 폐가 미치리라고는 생각하지 않았다.

報道によると地震の被害は全国に及んでいるそうだ。

보도에 의하면 지진의 피해는 전국에 미치고 있다고 한다.

3. ハイビジョンのような精度の高いデジタル放送を流す予定だ。

하이비전과 같은 정밀도가 높은 디지털 방송을 내보낼 예정이다.

⊛ 精度(せいど) 정밀도, 정확도

4. 衛星放送を追いかけるように …デジタル化を進めることにしている。

위성 방송을 뒤쫓아가는 것처럼 …디지털화를 추진하기로 하고 있다.

⊛ 追(お)いかける 뒤쫓아가다, 뒤쫓다

例文 夫が財布を忘れたのに気づいて私は慌てて追いかけていった。

남편이 지갑을 잊은 것을 알고 나는 황급히 뒤쫓아갔다.

流行を追いかけてばかりいることを反省するべきではないか。

유행을 뒤쫓고만 있는 것을 반성해야 하지 않겠는가!

☞ ～ことにする 구문연구 15 참조

5. 二〇一〇年を目安にいまのアナログ放送をなくす。

2010년을 목표로 지금의 아날로그 방송을 없앤다.

- ❋ 目安(めやす) 목표, 기준　　❋ なくす 없애다, 잃다

6. 郵政省の地上デジタル放送懇談会の中間報告で示されたのは

우정성의 지상 디지털 방송 간담회의 중간 보고에서 제시된 것은

- ❋ 郵政省(ゆうせいしょう) 우정성　　❋ 懇談会(こんだんかい) 간담회

7. デジタル化が進むなかで広がっていく放送資源を、

디지털화가 진행되는 속에서 확장되어 가는 방송 자원을,

- ❋ 進(すす)む 진행/진척되다, 나아가다
- ☞ ～なかで 구문연구 68 참조　　☞ ～ていく 구문연구 41 참조

8. どう国民に役立つものにするのか。

어떻게 국민에게 도움되는 것으로 할 것인가?

- ❋ 役立(やくだ)つ 도움되다

9. 福祉に適合させていくのかといった議論はほとんどなされていない。

복지에 적합하게 해 갈 것인가라는 의논은 거의 이루어지지 않고 있다.

- ❋ 適合(てきごう)させる 적합하게 하다　　❋ なされる 행해지다, 이루어지다
- ❋ なす ① 이루다(成す)　② 행하다(為す)

例文 文(ぶん)の骨組(ほねぐ)みを成(な)すのが主語(しゅご)と述語(じゅつご)と修飾語(しゅうしょくご)です。

문장의 뼈대를 이루는 것이 주어와 술어와 수식어입니다.

悪(あく)をなす者(もの)は罰(ばつ)を受(う)け、善(ぜん)をなす者(もの)は誉(ほ)められる。

악을 행하는 자는 벌을 받고, 선을 행하는 자는 칭찬 받는다.

10. 世界の各地で暮らしていた日本人が帰国して驚くのは、

세계의 각지에서 생활하고 있던 일본인이 귀국하여 놀라는 것은,

❋ 暮(く)らす 생활하다　　❋ 驚(おどろ)く 놀라다

11. ブラウン管を通じて無遠慮に入ってくることだろう。

브라운관을 통하여 거리낌없이 들어오는 것일 것이다,

❋ 無遠慮(ぶえんりょ) 거리낌없음

❋ 遠慮(えんりょ) ① 조심함, 사양함　② 거리낌

例文　子供はよその家に行っても遠慮がないので困ってしまう。

어린애는 남의 집에 가도 조심성이 없어서 곤란해진다.

仕事のやりくりがつかないので、今度の旅行は遠慮したい。

일을 잘 조정할 수 없어서, 이번 여행은 사양하고 싶다.

12. このようなたぐいの「テレビ文化」の拡散だけ、

이와 같은 종류의 TV 문화의 확산뿐,

❋ たぐい 종류, 부류

13. テレビの使い道はいくらもある。

TV의 용도는 얼마든지 있다,

❋ 使(つか)い道(みち) 용도　　❋ いくらも 얼마든지

☞ ～も 구문연구 99 참조

14. テレビ放送を活用する試みはまだ不足している。

TV 방송을 활용하는 시도는 아직 부족하다,

❋ 試(こころ)み 시도, 시험　　❋ 不足(ふそく)する 부족하다

☞ 不足(ふそく)する 구문연구 30 참조

15. 放送ビジネスの振興に気を取られている郵政省や、

방송 비지니스의 진흥에 정신을 뺏기고 있는 우정성이나,

＊ 気(き)を取(と)られる 마음/정신을 뺏기다

16. 視聴率に一喜一憂している既存の放送会社などの姿勢にも、

시청률에 웃었다 울었다 하고 있는 기존 방송사 등의 자세에도,

＊ 一喜一憂(いっきいちゆう) 일희일비

17. 干渉した場合、「言論の自由」に触れる恐れがあるため、

간섭한 경우, 언론의 자유에 저촉될 우려가 있기 때문에,

＊ 触(ふ)れる ① 닿다, 스치다, 접하다, 언급하다, 저촉되다(자동사)

　　　　　　② 대다, 만지다(타동사)

例文 展示品に手を触れてはいけません。

전시품에 손을 대서는 안 됩니다.

この化合物は外気に触れると、黒っぽく変色する。

이 화합물은 외부에 접촉하면, 검게 변색한다.

コートのすそが触れたのか、テーブルがかすかにゆれた。

코트 자락이 닿았는지, 테이블이 살짝 흔들렸다.

話ずきの彼女もこの問題に触れると口をつぐんでしまう。

말하기를 좋아하는 그녀도 이 문제에 접하면 입을 다물어 버린다.

法律に触れなければ何をしてもかまわないっていうわけじゃない。

법률에 저촉되지 않으면 무엇을 해도 괜찮다고 하는 것은 아니다.

18. 独立した行政機関の　…放送の品位を保つための規制をしている。

독립된 행정 기관의 …방송의 품위를 유지하기 위한 규제를 하고 있다.

＊ 独立(どくりつ)した行政(ぎょうせい) 독립된 행정

＊ 保(たも)つ ① 유지하다, 지키다(타동사) ②유지되다, 견디다(자동사)

例文 前の 車 とは一定の間隔を保つようにしてください。

앞차와는 일정한 간격을 유지하도록 하십시오.

魚 の腹びれは、 体 のつりあいを保つのにも役立つ。

물고기의 배지느러미는, 몸의 균형을 유지하는데에도 도움이 된다.

彼は馬の鞍に 跨って、 軍人らしい 姿勢を保っていた。

그는 말 안장에 걸터앉아, 군인다운 자세를 지키고 있었다.

家庭の秩序を保つのだって、 全員の 協 力が必要なんだ。

가정의 질서를 유지하는 것도, 모두의 협력이 필요한 것이다.

古くからの名家としての体面を保つには、 それなりの苦労もある。

예로부터의 명가로서의 체면을 유지하는데에는, 그나름대로 고생도 있다.

---

19. テレビ放送の許認可権を一手に握るという、 日本の仕組みも

TV방송의 인허가권을 한 손에 쥔다고 하는, 일본의 구조도

* 一手(ひとて) 한손   * 握(にぎ)る 쥐다, 잡다

例文 またいつか、 必ず会おうと、 手を握り合って別れた。

또 언젠가, 반드시 만나자고, 서로 손을 잡고 헤어졌다.

この問題を解決する鍵を握るのは市民一人一人です。

이 문제를 해결하는 열쇠를 쥐는 것은 시민 한 사람 한 사람입니다.

ロープを下ろすから、 それをしっかり握って登ってくるんだ。

로프를 내릴 테니, 그것을 꽉 잡고 올라오는 거다.

サーカスの綱渡りは、 いつ見ても手に汗を握るスリルがある。

서커스의 줄타기는, 언제 봐도 손에 땀을 쥐는 스릴이 있다.

---

20. デジタル化は放送のビッグバンといわれる大きな変化をもたらす。

디지털화는 방송의 빅뱅이라고 일컬어지는 큰 변화를 가져온다.

* もたらす 가져오다, 초래하다

例文 豊臣秀吉の 朝鮮 出兵は、 日本に印刷術ももたらした。

豊臣秀吉의 조선 출병은, 일본에 인쇄술도 가져왔다.

火山の噴火は、ふもとの村々に大きな被害をもたらした。

화산의 분화는, 산기슭 마을들에게 커다란 피해를 가져왔다.

川は、その流域に住む人々に、豊かな恵みをもたらしてきた。

강은, 그 유역에 사는 사람들에게, 풍부한 혜택을 가져왔다.

21. デジタル化への入り口に立ついまこそ、電波は国民の資源、

디지털화로 가는 입구에 선 지금이야말로, 전파는 국민의 자원,

※ 入(い)り口(ぐち)に立(た)つ 입구에 서다

22. 原点に戻り、放送のあり方を考える好機ではないか。

원점으로 되돌아가, 방송의 본연의 모습을 생각할 좋은 기회가 아닐까?

※ 戻(もど)る 되돌아오다, 되돌아가다

「つくる会」教科書

過去と対話する歴史を

(2001.6.28)

🎧11

　「新しい歴史教科書」が、書店に並んでいます。読んでみて、「そんなにひどくないじゃないか、と感じた」というあなたと、考えたいと思います。

　検定で多くの修正がなされた結果、そうした印象になったのかもしれません。それでも私たちは、この教科書は教室で使うには、ふさわしくないと考えます。

　教科書の前書きに、こうあります。「人によって、民族によって、時代によって、考え方や感じ方がそれぞれまったく異なっているので、これが事実だと簡単に一つの事実をくっきりえがき出すことは難しい」

　無限にある事実のなかで何を選ぶかで、さまざまな色の歴史を織り出せます。唯一絶対の歴史などありえないでしょう。

　ですが、一本いっぽんの糸が事実かどうかの吟味がなければ、歴史という織物は幻の物語になります。この教科書には、事実でない糸が混ざっています。例えば、昭和天皇は第124代、と記述されています。実在しない天皇も含めた数字です。

　「歴史を自由な、とらわれのない目で眺め、数多くの見方を重ねて、じっくり事実を確かめるようにしよう」ともあります。

　なるほど、従来の教科書が多様な見方を十分紹介したかを見直す必要はあります。

　教科書づくりの先頭に立った「新しい歴史教科書をつくる会」は、他社の教科書を一揆など民衆の抵抗ばかり採り上げていると批判してきました。

　しかし、その結果できあがった教科書は「数多くの見方」どころか、終始、上から眺める視点で貫かれているのです。

　「歴史に善悪を当てはめ、現在の道徳で裁く裁判の場にすることもやめよう」と筆者は書きます。でも、それは過去を免責する言い訳でしかありません。

　昔の人の考え方を、価値判断抜きでただ伝えるのが歴史教育でしょうか。歴史に学ぶとは、過去の誤りを知り、その教訓を生かす力を養うことではないでしょうか。

　先行き不透明で自信を失いがちな今、「自国に誇りが持てる教科書を」という呼びかけにひかれる人は少なくないかも知れません。しかし、「日本人が日本の歴史をほめて何が悪い」と居直ってみたところで、不安がいやされはしないでしょう。

　あの戦争で、おびただしい数の国民が命を捨てさせられた。アジア諸国に攻め入り、大きな惨禍をまき散らした。それはなぜか。答えを探すことは、「日本人自身の自己回復」(つくる会の西尾幹二会長)にとっても、欠かせないと考えます。

　この地球では、どの国も一国だけでは生きていけません。未来を担う世代は、過去と、そしてほかの国々と対話を重ねることが大切ではないでしょうか。それを促すのが教科書であってほしい、と思うのです。

　そして、教科書を考えることを、次の世代に何を託したいのか語り合うきっかけにしたいものです。

修正 수정	検定 검정	民族 민족	無限 무한	吟味 음미
唯一 유일	織物 직물	天皇 천황	従来 종래	先頭 선두
他社 타사	抵抗 저항	善悪 선악	筆者 필자	免責 면책
教訓 교훈	不透明 불투명	諸国 제국	惨禍 참화	世代 세대

I. 教科書の前書きに、こうあります。

교과서의 머리말에, 이렇게 써 있습니다.

⊛ 前書(まえが)き 머리말, 서문

2. それぞれまったく異なっているので、

각각 전혀 달라서,

⊛ 全(まった)く 전혀, 완전히, 정말로

3. 一つの事実をくっきりえがき出すことは難しい

하나의 사실을 뚜렷하게 그려내는 일은 어렵다

⊛ くっきり 뚜렷하게, 선명하게

⊛ 描(えが)き出(だ)す 그려내다

⊛ 描(えが)く 그리다, 묘사하다

例文 彼は風景を描く画家として知られている。

그는 풍경을 그리는 화가로서 알려져 있다.

晴れた空に、トンビが一羽、輪を描きながら飛んでいる。

맑은 하늘에, 솔개가 한 마리, 원을 그리며 날고 있다.

長い間 夢に描いていた海外旅行が、ついに現実のものとなった。

오랫동안 꿈에 그리던 해외 여행이, 드디어 현실의 일이 되었다.

投げた小石は、水面に静かな波紋を描きながら、水中に沈んでいた。

던진 작은 돌은, 수면에 조용한 파문을 그리면서, 물 속으로 가라앉고 있었다.

4. さまざまな色の歴史を織り出せます。

여러 가지 색의 역사를 짜낼 수 있습니다.

⊛ 織(お)り出(だ)す 짜내다

5. 一本いっぽんの糸が事実かどうか

한올 한올의 실이 사실인지 어떤지

* **一本(いっぽん)** 한가닥, 한올　* **糸(いと)** 실

6. 歴史という織物は幻の物語になります。

역사라고 하는 직물은 환상의 이야기가 됩니다.

* **幻(まぼろし)** 환상　* **物語(ものがたり)** 이야기

7. この教科書には、事実でない糸が混ざっています。

이 교과서에는, 사실이 아닌 실이 섞여 있습니다.

* **混(ま)ざる(＝まじる)** 섞이다

8. 歴史を自由な、とらわれのない目で眺め、数多くの見方を重ねて、

역사를 자유로운, 얽매임이 없는 눈으로 바라보고, 수많은 관찰을 거듭하여,

* **とらわれ** 얽매임

* **とらわれる** 사로잡히다, 얽매이다, 구애받다, 잡히다

例文 味方(みかた)の兵(へい)が敵(てき)に捕(と)らわれたという報告(ほうこく)が入(はい)った。

아군의 병사가 적에 잡혔다고 하는 보고가 들어왔다.

私(わたし)は恐怖(きょうふ)にとらわれ、声(こえ)をあげることさえできなかった。

나는 공포에 사로잡혀, 소리를 지르는 것조차 할 수 없었다.

心(こころ)を見抜(みぬ)くには、その人(ひと)の外見(がいけん)にとらわれないようにすることだ。

마음을 간파하는 데에는, 그 사람의 외견에 사로잡히지 않도록 해야 한다.

* **眺(なが)める** 바라보다, 조망하다, 응시하다

* **数多(かずおお)くの** 수많은

9. じっくり事実を確かめるようにしようともあります。

차분히 사실을 확인하도록 하자라고도 써 있습니다.

- ❋ じっくり 차분히　　❋ 確(たし)かめる 확인하다

10. なるほど、従来の教科書が多様な見方を

과연 종래의 교과서가 다양한 견해를

- ❋ なるほど 맞다, 과연 그렇다

11. 他社の教科書を一揆など民衆の抵抗ばかり採り上げていると

타사의 교과서를 폭동 등 민중의 저항만 다루고 있다고

- ❋ 一揆(いっき) 일치 단결함, 봉기, 폭동
- ❋ 採(と)り上(あ)げる 집어들이다, 거둬들이다, 몰수하다, 문제삼다

例文　机の上の本を手に取り上げ、パラパラとめくってみた。

책상 위에 책을 손에 집어들어, 훌훌 넘겨보았다.

人のいい老夫婦は、うまいこと言いくるめられ、財産を取り上げられた。

사람이 좋은 노부부는, 감언이설에 넘어가, 재산을 빼앗겼다.

ガードレール設置の訴えは、なかなか市に取り上げられません。

가드레일 설치의 호소는, 좀처럼 시에 받아들여지지 않습니다.

今日の話し合いのテーマとして、ごみ処理問題を取り上げてみましょう。

오늘 대화의 테마로서, 쓰레기처리 문제를 다루어 봅시다.

12. その結果できあがった教科書は「数多くの見方」どころか、

그 결과 완성된 교과서는 수많은 견해는커녕,

- ❋ できあがる 완성되다, 이루어지다, ～하게 태어나다
- ☞ ～どころか 구문연구 59 참조

13. 終始、上から眺める視点で貫かれているのです。

시종, 위에서 바라보는 시점으로 관철되어 있습니다.

※ 終始(しゅうし) 시종, 내내, 줄곧

※ 貫(つらぬ)く 관통하다, 관철하다

例文 ピストルの弾は、犯人の太ももを貫いていた。

권총의 탄환은, 범인의 허벅지를 관통하고 있었다.

その川は町の中央を貫いて流れている。

그 강은 마을의 중앙을 관통하고 흐르고 있었다.

彼は弾圧にも負けず、最後まで正義を貫いた。

그는 탄압에도 굴하지 않고, 마지막까지 정의를 관철했다.

14. 歴史に善悪を当てはめ、現在の道徳で裁く裁判の場にすること

역사에 선악을 적용하여, 현재의 도덕으로 심판하는 재판의 장으로 하는 일

※ 当(あ)てはめる 들어맞추다, 적용시키다

例文 この事故を現在に当てはめて考えてみると、いろいろと参考になる。

이 사고를 현재에 맞추어 생각해 보면, 여러 가지로 참고가 된다.

空欄に適当な言葉を当てはめて、意味の通る文章を作成しなさい。

공란에 직당한 밀을 들어, 의미가 통하는 문장을 작성하시오.

これも大自然の弱肉強食の掟に当てはめればやむをえないことでは

ないか。이것도 대자연의 약육강식의 법칙에 적용시키면 어쩔 수 없는

일이 아니겠는가!

※ 裁(さば)く 재판하다, 판단하다, 중재하다

※ 捌(さば)く ① 잘 처리하다 ② (상품을)팔아 치우다

例文 外交官には、他国で罪を犯してもその国の法律で裁かれないとい

う特権がある。외교관에게는, 타국에서 죄를 범해도 그 나라의 법률로

재판 받지 않는다는 특권이 있다.

兄弟げんかを裁くのには、けんか両成敗が一番だ。

형제의 싸움을 중재하는 데에는, 싸움 쌍벌주의가 최고이다.

四頭立ての馬車となれば、手綱を捌くのも大変だ。

4두마차가 되면, 고삐를 다루는 것도 큰일이다.

路上に店を広げた八百屋は、あっというまに野菜を売りさばいた。

노상에 가게를 펼친 야채상은, 눈 깜짝할 사이에 야채를 팔아치웠다.

❀ 場(ば)にする 장으로 하다

15. それは過去を免責する言い訳でしかありません。

그것은 과거를 면책하는 변명에 지나지 않습니다.

❀ 言(い)い訳(わけ) 변명
☞ ～でしかない 구문연구 46 참조

16. 昔の人の考え方を、価値判断抜きでただ伝えるのが歴史教育でしょうか。

옛사람의 생각을, 가치 판단 없이 그저 전달하는 것이 역사 교육인가요?

❀ ～抜(ぬ)き ～없이, ～빼고

17. 歴史に学ぶとは、過去の誤りを知り、その教訓を生かす力を養うこと

역사에서 배운다란, 과거의 잘못을 알고, 그 교훈을 살리는 힘을 기르는것

❀ 養(やしな)う 기르다, 부양하다

例文 母は僕を頭に五人の子供たちを、女手一つで養ってくれた。

어머니는 나를 선두로 다섯 아이를, 여자 손 하나로 길러 주셨다.

だれであれ、家族を養っている人は、そのことだけでりっぱだ。

누구이든, 가족을 부양하고 있는 사람은, 그것만으로 훌륭하다.

夏休みに十分体力と気力を養ったから、二学期はがんばります。

여름 방학에 충분히 체력과 기력을 길렀으니, 2학기에는 분발하겠습니다.

18. 先行き不透明で自信を失いがちな今、

장래가 불투명하고 자신을 잃기 쉬운 지금,

> ❀ 先行(さきゆ)き 전도, 전망, 장래　　☞ 〜がち 구문연구 6 참조

19. 自国に誇りが持てる教科書をという呼びかけにひかれる人

자국에 긍지를 가질 수 있는 교과서를 이라는 구호에 끌리는 사람

> ❀ 呼(よ)びかけ 부름, 호소　　❀ ひかれる 끌리다

20. 歴史をほめて何が悪いと居直ってみたところで、不安がいやされはしないでしょう。

역사를 칭찬해 무엇이 나쁘냐고 위협조로 태도를 바꿔보았자, 불안이 치유되지는 않을 것입니다.

> ❀ ほめる 칭찬하다　　❀ 居直(いなお)る 앉은 자세를 바로 잡다, 바로 앉다, 갑자기 태도를 바꾸어 협박조로 나오다　　❀ いやす 고치다, 풀다
> ☞ 〜(た)ところで 구문연구 60 참조　　☞ 〜はしない 구문연구 92 참조

21. あの戦争で、おびただしい数の国民が命を捨てさせられた。

그 전쟁에서, 엄청난 수의 국민이 목숨을 버릴 수밖에 없었다.

> ❀ おびただしい 엄청나다, 심하다
> ❀ 捨(す)てる 버리다

22. アジア諸国に攻め入り、大きな惨禍をまき散らした。

아시아 여러 나라에 침입해 들어가, 커다란 참화를 여기저기에 불러 일으켰다.

> ❀ 攻(せ)め入(い)る 쳐들어가다
> ❀ まき散(ち)らす 흩뿌리다, 퍼뜨리다

23. それを促すのが教科書であってほしい、と思うのです。

그것을 촉구하는 것이 교과서였으면 좋겠다, 라고 생각합니다,

☞ ～てほしい 구문연구 52 참조

24. 次の世代に何を託したいのか語り合うきっかけに

다음 세대에 무엇을 부탁하고 싶은 것인지 서로 이야기하는 계기로

❋ 託(たく)する 맡기다, 부탁하다, 구실로 하다, 핑계삼다,

　　　　　　　 어떤 형식을 빌려 나타내다

例文 男たちは、厳しい北風の吹く中を、小さな小舟に身を託して
出漁していった。

남자들은, 심한 북풍이 부는 속을, 작은 배에 몸을 맡기고 출어해 갔다.

バレンタインデーに私の心をチョコレートに託して、あの人に送った。

발렌타인 데이에 내 마음을 초콜릿에 담아, 그 사람에게 보냈다.

急用で行けなくなったので、友達に伝言を託した。

급한 일로 못 가게 되어서, 친구에게 전언을 부탁했다.

彼は豊かな感性で、折々の心情を歌に託した。

그는 풍부한 감성으로, 그때 그때의 심정을 노래에 실어 표현했다.

❋ 語(かた)り合(あ)う 서로 이야기하다

NOTE

12 書店バブル
街の文化が消える

(2001.7.6)

🎧 12

「ホンヤ」と呼ばれる街の小さな書店が、近ごろ次々消えていく。

「40年ほどの付き合いだった駅前商店街の本屋が昨年暮れに廃業した。高校生がヌード写真を載せた週刊誌を買いに来た。店主はたんかをきって追い返した。個性とぬくもりがあった。街角から文化の灯をともし続けてきた。その『ホンヤ』が時代の波にかき消されていく。何とも切ない」

これは本紙(東京本社発行)の「声」に載った東京在住の読者の投稿の抜粋だ。

昨年1年で廃業した本屋さんは全国で推定1300店。史上最多となった。95年までさかのぼると、約6400店がこれまでに消えていった計算になる。

青息吐息ぶりは、郊外型書店や市街地の有力書店も同様である。書店の粗利益率は2割程度。同じ委託販売の既製服業種に比べても薄利だ。客が減って採算ぎりぎりまで追いつめられている。

昨年2月には、近畿を中心に28店舗を持つ創業120年の大手の駸々堂書店が自己破産した。昨夏からは、弘前市の今泉本店や水戸市の鶴屋、長野県の矢島書店など、老舗が相次ぎ倒産している。

この背景にあるのもバブル現象である。80年代からコンビニがこの分野に進出し、郊外型書店のラッシュも続いた。90年代の半ばからは、大型書店の出店が進む。

出版物は委託販売が多く、売れ残れば返せる。そのうえバブルの崩壊で地価が下がった。94年には大規模小売店舗法の運用基準が緩和された。こうした条件が1周遅れの「書店バブル」を生んだ。

最近では、新古書店やネット書店、図書館、漫画喫茶も新たなライバルである。

出版科学研究会によると、昨年の出版物の販売額は、前年比で2.6％の減。4年連続のマイナスだ。76年から25年間に書店の売り場面積は5倍近く増えたのに、売上高は2倍程度しか伸びていない。売り場は広がったが、昨年の返本率は4割。その多くは裁断される運命にある。

　本好きがホンヤの衰退を嘆くのは、単なる懐古趣味ではない。本の専門家としての知識、目利きを惜しむのである。

　なるほど大型書店は品数こそ豊富だ。けれどもベテランの店員はいかにも少ない。目指す本を尋ねても、答えはパソコンの画面にしか出てこない。自身が本を深く愛し、客の求めに熱っぽく答えてくれるホンヤさんが無性に懐かしくなるときだ。

　本という文化と読者との接点に、ホンヤは欠かせない存在ではないだろうか。

　こんな時勢でなお健闘する書店主も、各地に少数ながらいる。取次会社の委託配本に依存せず、出版社や取次店を回って自力で本を仕入れ、個性的な本をそろえている。周りの店と手を結び、自店にない本も買い手に紹介したりする。

　当面、本好きはこんな書店を見分け、支えていくほかあるまい。

書店 (しょてん)	서점	駅前 (えきまえ)	역전	廃業 (はいぎょう)	폐업	個性 (こせい)	개성	読者 (どくしゃ)	독자
投稿 (とうこう)	투고	抜粋 (ばっすい)	발췌	推定 (すいてい)	추정	史上 (しじょう)	사상	最多 (さいた)	최다
郊外 (こうがい)	교외	委託 (いたく)	위탁	業種 (ぎょうしゅ)	업종	薄利 (はくり)	박리	採算 (さいさん)	채산
店舗 (てんぽ)	점포	破産 (はさん)	파산	倒産 (とうさん)	도산	背景 (はいけい)	배경	出店 (しゅってん)	출점
出版 (しゅっぱん)	출판	面積 (めんせき)	면적	程度 (ていど)	정도	裁断 (さいだん)	재단	衰退 (すいたい)	쇠퇴
懐古 (かいこ)	회고	接点 (せってん)	접점	健闘 (けんとう)	건투	依存 (いぞん)	의존		

1. 街の小さな書店が、近ごろ次々消えていく。

거리의 작은 서점이, 최근 계속해서 사라져 간다.

- 近(ちか)ごろ 최근, 근래
- 次々(つぎつぎ) 계속해서, 잇달아
- 消(き)える 사라지다, 지워지다, 꺼지다

2. 40年ほどの付き合いだった駅前商店街の本屋が昨年暮れに廃業した。

40년 정도 함께 했던 역전 상점가의 책방이 작년 말에 폐업했다.

- 付き合い 교제, 같이 함

3. 高校生がヌード写真を載せた週刊誌を買いに来た。

고등학생이 누드 사진을 실은 주간지를 사러 왔다.

- 載(の)せる 게재하다, 적다, 싣다

4. 店主はたんかをきって追い返した。個性とぬくもりがあった。

가게 주인은 크게 뭐라고 하며 쫓아 돌려보냈다. 개성과 따스함이 있었다.

- 店主(てんしゅ) 가게 주인
- たんかをきる 날카로운 어조로 상대를 압도하듯 마구 몰아대다
- 追(お)い返(かえ)す 쫓아 돌려보내다
- ぬくもり 따스함, 온기

5. 街角から文化の灯をともし続けてきた。

길모퉁이에서 문화의 등불을 계속 켜 왔다.

- 街角(まちかど) 길모퉁이
- 灯(あかり) 등불, 불빛
- ともす 불을 켜다

6. その『ホンヤ』が時代の波にかき消されていく。

그 「책방」이 시대의 파도에 지워져 없어져 간다.

* 波(なみ) 파도　　* かき消(け)す 지우다

7. 何とも切ない

정말로 안타깝다

* 何(なん)とも 아무렇지도, 뭐라고도, 어떻게도, 정말로, 참으로

例文　そんなくだらないものほしくも何ともない。

그런 시시한 것 갖고 싶지도 뭣하지도 않다.

結果がどうなるかは、まだ何とも言えませんね。

결과가 어찌 될 지는, 아직 뭐라고도 말할 수 없습니다.

こんなことになって、何ともお詫びのしようがありません。

일이 이렇게 되어, 뭐라고 사죄할 수가 없습니다.

人が突然消えてしまうなんて、何とも不思議な話ですね。

사람이 갑자기 사라져 버리다니, 정말로 이상한 이야기군요.

* 切(せつ)ない 괴롭다, 안타깝다, 애달프다, 애절하다

8. これは本紙の「声」に載った東京在住の読者の投稿の抜粋だ。

이것은 본지 「목소리」에 실린 도쿄에 사는 독자 투고의 발췌이다.

* 載(の)る 실리다

9. 約6400店がこれまでに消えていった計算になる。

약 6400점이 지금까지 사라져 갔다는 계산이 된다.

* これまで 지금까지

I0. 青息吐息ぶりは、郊外型書店や市街地の有力書店も同様である。

괴로워 한숨 짓는 모습은, 교외형 서점이나 시가지의 유력 서점도 마찬가지이다.

❀ 青息吐息(あおいきといき) 괴롭고 답답할 때 쉬는 한숨

II. 書店の粗利益率は2割程度。

서점의 매출액에서 직접비를 뺀 이익률은 2할 정도.

❀ 粗利益(あらりえき) 매출액에서 직접비를 뺀 이익

I2. 同じ委託販売の既製服業種に比べても薄利だ。

같은 위탁 판매의 기성복 업종에 비교해도 싼 이자다.

❀ 薄利(はくり) 박리, 이자가 쌈

I3. 客が減って採算ぎりぎりまで追いつめられている。

손님이 줄고 채산이 맞을까말까 하는 곳까지 몰려 있다.

❀ ぎりぎり 빠듯빠듯함

例文 私の働きでは、一家四人ぎりぎりの生活です。

내 일로는, 일가 4사람 겨우 살 수 있는 생활입니다.

これが、私の譲れるぎりぎりの線です。

이것이, 내가 양보할 수 있는 최대의 선입니다.

仕事が手間取り、駅へ駆けつけたのは終電ギリギリだった。

일에 시간이 걸려, 역으로 달려간 것은 마지막 전철 바로 직전이었다.

❀ 追(お)いつめる 막다른 곳까지 몰아넣다, 추궁/추격하다

I4. 創業120年の大手の駸々堂書店が自己破産した。

창업 120년의 대형 駸々堂 서점이 자기파산했다.

❀ 大手(おおて) 대형, 대규모

15. 老舗が相次ぎ倒産している。

오랜 전통있는 가게가 연이어 도산하고 있다.

❀ 老舗(しにせ) 오랜 전통있는 가게
❀ 相次(あいつ)ぎ 연이어, 잇달아

16. 80年代からコンビニがこの分野に進出し、

８０년대부터 편의점이 이 분야에 진출하고,

❀ コンビニ 편의점

17. 90年代の半ばからは、大型書店の出店が進む。

９０년대 중반부터는, 대형 서점의 출점이 진행된다.

❀ ～半(なか)ば ～중반, 중간, 절반

18. 出版物は委託販売が多く、売れ残れば返せる。

출판물은 위탁 판매가 많고, 팔다 남으면 반품할 수 있다.

❀ 売(う)れ残(のこ)る 팔리지 않고 남다, 팔다 남다

❀ 返(かえ)す 되돌리다(＝帰す), 반품하다, 갚다, 뒤집다

例文 せっかく釣った魚を、お父さんは、また海に帰してやりました。

애써 낚은 고기를, 아버지는, 다시 바다에 놓아 주었습니다.

前回の結論は白紙に返して、最初から考え直しましょう。

지난 번의 결론은 백지로 돌리고, 처음부터 다시 생각합시다.

忘れ物の本の裏を返すと、そこに名前が書いてありました。

누군가 잊은 책의 뒤를 뒤집어보니, 거기에 이름이 써 있었습니다.

19. こうした条件が1周遅れの「書店バブル」を生んだ。

이런 조건이 한바퀴 늦은 「서점버블」을 나았다.

❀ ～遅(おく)れ 늦음, 뒤떨어짐　　❀ 生(う)む 낳다

例文 秋になると、サケは、卵を産みに海から川へやってくる。
가을이 되면, 연어는, 알을 낳으러 바다에서 강으로 찾아온다.

優れた詩の言葉は読む者の心に入って、深い感動を生む。
우수한 시어는 읽는 사람의 마음에 들어가, 깊은 감동을 낳는다.

誤解を生むことがないように、私の考えをはっきり述べておきます。
오해를 낳지 않도록, 내 생각을 확실히 말해 두겠습니다.

20. 漫画喫茶も新たなライバルである。
만화찻집도 새로운 라이벌이다.

※ 喫茶(きっさ) 차를 마심, 찻집

21. 書店の売り場面積は5倍近く増えたのに、
서점의 매장 면적은 5배 가까이 증가했는데,

※ 近(ちか)く ~가까이(~倍近(ばいちか)く: ~배 가까이)

22. 売上高は2倍程度しか伸びていない。
매상고는 2배 정도밖에 신장되지 않았다.

※ 売上高(うりあげだか) 매상고
※ 伸(の)びる 자라다, 펴지다, 신장하다, 향상되다, 미치다

例文 久しぶりに会った彼女は、髪が肩まで伸びて、別人のように見えた。
오랜만에 만난 그녀는, 머리가 어깨까지 자라, 다른 사람처럼 보였다.

お札にアイロンをかけると、しわが伸びて、新札のようになる。
지폐에 다림질을 하면, 접힌 곳이 펴져, 새 지폐처럼 된다.

容疑者の生まれ故郷にまで、警察の捜査の手が伸びていた。
용의자의 태어난 고향에까지, 경찰 수사의 손길이 미치고 있었다.

ふだんの努力のかいあって、成績がだんだん伸びてきたようだ。
평소에 노력한 보람이 있어, 성적이 점점 향상된 것 같다.

23. 売り場は広がったが、昨年の返本率は4割。

매장은 넓어졌지만, 작년의 책반품율은 4할.

    ◈ 返本(へんぽん) 반품된 책

24. 本好きがホンヤの衰退を嘆くのは、単なる懐古趣味ではない。

책 좋아하는 사람들이 책방의 쇠퇴를 한탄하는 것은, 단순한 회고 취미가 아니다.

    ◈ 〜好(ず)き 〜을 좋아함, 좋아하는 사람

    ・本好(ほんず)き 책을 좋아하는 사람

    ◈ 嘆(なげ)く 한탄하다　　◈ 単(たん)なる 단순한

25. 本の専門家としての知識、目利きを惜しむのである。

책 전문가로서의 지식, 안목을 아쉬워하는 것이다.

    ◈ 目利(めき)き 감정, 감정사

    ◈ 惜(お)しむ 아까워하다, 아쉬워하다, 아끼다

例文 あの頃は、少しの時間も惜しんで勉学に励んだものだ。

그 때는, 조금의 시간도 아까워하며 면학에 힘썼다.

金持ちほど、けちで、金を惜しむものらしい。

부자일수록, 인색하고, 돈을 아까워하는 것 같다.

人気作家の死を惜しみ、大勢のファンが告別式に参列した。

인기 작가의 죽음을 아쉬워하여, 많은 팬이 고별식에 참석했다.

君が立ち直るためなら、ぼくは協力を惜しまないよ。

당신이 다시 일어나기 위해서라면, 나는 협력을 아끼지 않겠다.

26. なるほど大型書店は品数こそ豊富だ。

과연 대형 서점은 품목 수야말로 풍부하다.

    ◈ 品数(しなかず) 품목 수, 상품의 종류

27. けれどもベテランの店員はいかにも少ない。

하지만 베테랑 점원은 정말로 적다.

❀ いかにも 정말로, 자못

28. 客の求めに熱っぽく答えてくれるホンヤさんが無性に懐かしくなるときだ。

손님의 요구에 열의있게 대답해 주는 책방이 공연히 그리워지는 때이다.

❀ 求(もと)め 요구　　❀ 熱(ねつ)っぽい 열이 있는 듯하다, 열정적이다

❀ 無性(むしょう)に 공연히, 한없이, 무턱대고

例文 友達の意地悪を思い出すたびに、何日たっても、無性に腹が立つ。

친구의 심술을 생각할 때마다, 몇 일이 지나도, 공연히 화가 난다.

赤ちゃんのあどけない寝顔を見ていると、無性にかわいくなる。

아기의 천진난만하게 자는 얼굴을 보고 있으면, 한없이 귀여워진다.

❀ 懐(なつ)かしい 그립다

29. こんな時勢でなお健闘する書店主も、各地に少数ながらいる。

이런 시대의 추세에서 여전히 건투하는 서점 주인도, 각지에 소수이지만 있다.

❀ 時勢(じせい) 시대의 추세, 시대의 흐름

例文 時勢に逆らって生きるこの詩人は、若者に人気がある。

시대의 추세에 반하여 사는 이 시인은, 젊은이들에게 인기가 있다.

十年も田舎に引っ込んでいたせいか、少し時勢に疎くなった。

10년이나 시골에 틀어박혀 있었던 탓인지, 시대의 흐름에 어두워졌다.

❀ なお 여전히, 더욱더

30. 取次会社の委託配本に依存せず、出版社や取次店を回って自力で本を仕入れ、

중개회사 위탁 배본에 의존하지 않고, 출판사나 대리점을 돌며 자력으로 책을 사들여,

- 取次(とりつぎ) 중개, 중개인
  - ・取次会社(とりつぎがいしゃ) 중개회사
  - ・取次店(とりつぎてん) 대리점
- 配本(はいほん) 배본　　　 仕入(しい)れる 사들이다, 입수하다

31. 周りの店と手を結び、自店にない本も買い手に紹介したりする。

주변 가게와 손을 잡고, 자기 가게에 없는 책도 구매자에게 소개하기도 한다,

- 買(か)い手(て) 구매자, 살 사람

32. 当面、本好きはこんな書店を見分け、支えていくほかあるまい。

우선은, 책을 좋아하는 사람은 이런 서점을 구분하여, 지지해 가는 수밖에 없을 것이다,

- 当面(とうめん) 우선, 현재로선
- 見分(みわ)ける 보고 구별하다, 분간하다

1 ～合(あ)う

접속	동사 연용형 + あう
의미	서로 ~하다
용법	～合う는 ～(し)合い와 같이 명사형으로도 사용된다. お互いに～(し)合い의 형태를 사용하는 것이 자연스럽다.

例文 両社は競争し合いながら発展して来ました。
두 회사는 서로 경쟁하면서 발전해 왔습니다.

言語は違いますが、みんな通じ合っていました。
언어는 다릅니다만, 모두 서로 통하고 있었습니다.

お互いに助け合いながら協力していきましょう。
서로 서로 도우면서 협력해 나갑시다.

問題が起こったら話し合いで解決しようとしています。
문제가 일어나면, 대화로 해결하려고 하고 있습니다.

2 ～うえで

접속	동사 る형 + うえで 동사 た형 + うえで
의미	る형 + うえで ~(함)에 있어서, ~(하)는데 있어서 た형 + うえで ~한 후에, ~뒤에
용법	る형에 붙는 うえで는 무언가를 하는 경우나 과정에 있어서 문제점·주의점 등을 말할 때 사용하고, た형에 붙는 うえで는 이어지는 뒷문장에 대해 먼저 어떤 행동을 해야 함을 전제로 표현하는 경우에 사용한다.

例文 学生を教えるうえで、注意すべきところはこれです。
학생을 가르치는데 있어서, 주의해야 할 점은 이것입니다.

専攻を選ぶうえで重要なポイントは発展可能性です。
전공을 선택함에 있어서, 중요한 포인트는 발전 가능성입니다.

どうしたらいいかもう一度考えたうえで決めてください。
어찌해야 좋을지 다시 한번 생각한 뒤에 결정하십시오.

ちゃんとした計画を立てたうえで、行動しなければいけません。
제대로 된 계획을 세운 후에, 행동해야 합니다.

접 속	용언 체언형 + うちに
	명사 + の + うちに
의 미	〜중에, 〜안에/내에, 〜사이에(범위, 시간)
용 법	〜うちに는 범위를 한정하여 그 속에서 무언가를 선택하는 경우나 어떠한 상태가 계속되는 사이에 무언가가 이루어지는 경우에 사용한다.

例文　三つのうちから好きなものを選んでください。
　셋 중에서 좋아하는 것을 고르십시오.

この三曲のうちでどれが一番気に入りましたか。
　이 3곡 중에서 어느 것이 가장 맘에 들었습니까?

彼女は話しているうちに顔が真っ赤になった。
　그녀는 말하는 동안 얼굴이 새빨개졌다.

彼が帰って来ないうちに急いでプレゼントを隠した。
　그가 돌아오기 전에 서둘러 선물을 숨겼다.

手紙を読んでいるうちに彼女との思い出が頭に浮かんだ。
　편지를 읽고 있는 동안에 그녀와의 추억이 머리에 떠올랐다.

접 속	〜(え)る
의 미	〜(할) 수 있다
용 법	여러 형태의 가능표현 중 〜(ら)れる형이 가장 많이 사용되는데, 이는 주로 1단동사의 경우이며, 5단동사 경우에는 어미 る를 え단로 바꿔 가능형으로 만든다. 5단동사의 〜(ら)れる는 주로 수동의 의미로 사용된다.

例文　試合に勝ったのは厳しい練習の結果だと言えます。
　시합에 이긴 것은 엄격한 연습의 결과라고 할 수 있습니다.

最近は仕事が多くて家にも帰れないくらい忙しい。
　최근에는 일이 많아서 집에도 돌아갈 수 없을 정도로 바쁘다.

その店は駅から歩いて一時間で行ける距離にある。
　그 가게는 역에서 걸어서 1시간에 갈 수 있는 거리에 있다.

平日は利用する人が少ないから予約しなくても入れる。
　평일에는 이용하는 사람이 적어서 예약하지 않아도 들어갈 수 있다.

5 ～方(かた)

접 속	동사 연용형 + かた
의 미	～하기, ～하는 방법
용 법	～かた는 동사 연용형에 접속하여 동사가 나타내고 있는 동작의 방법이나 상태의 모습 등을 나타낸다.

例文 私は恩師の生き方を手本としている。
나는 은사의 삶의 방법을 본보기로 하고 있다.

この機械の作り方がうちのものと全然違う。
이 기계의 만드는 법이 우리의 것과 전혀 다르다.

日本語の漢字の読み方はそれほど難しくない。
일본어 한자 읽기는 그다지 어렵지 않다.

手紙の書き方は話し言葉とは違うところが多い。
편지쓰기는 회화체와는 다른 점이 많다.

6 ～がち

접 속	명사 + がち 동사 연용형 + ～がち
의 미	～(하)기 쉬움
용 법	～がち는 주로 동사에 붙어, 의도하지 않아도 그렇게 되어 버리는 경향이 많음을 나타내는 표현으로, 대개 마이너스로 평가되어 버리는 동작에 사용한다. 어떻게든, 그만, 무심코 등의 부사와 함께 사용하는 경우가 많다. 제한적으로 몇몇 명사에 붙어 그 명사가 나타내는 상태가 되기 쉽거나, 그런 성질이 상당히 있음을 나타낸다.

例文 消費税はとかく、「便利な財源」とみなされがちだ。
소비세는 자칫, 「편리한 재원」으로 간주되기 쉽다.

病気がちということで、彼は近ごろ生彩を欠いているようだ。
병이 잦음으로 인해, 그는 요즘 생기가 없는 것 같다.

人員不足で事務が滞りがちになるのを、アルバイトを雇って解消した。
인원부족으로 사무가 자주 밀리는 것을, 아르바이트를 고용해서 해소했다.

母が死んで以来、弟は、ますます自分の世界に閉じこもりがちであった。
어머니가 돌아가신 후, 남동생은 점점 자신의 세계로 틀어박히게 되었다.

職員室に入ってきた生徒は、ためらいがちに、小さな声で話しはじめた。
직원실에 들어온 학생은, 주저하듯이 작은 목소리로 말하기 시작했다.

접 속	용언 종지형 + か + どうか
의 미	〜(할/일)지 어떨지, 〜(한/인)지 어떤지
용 법	〜かどうか는 어떤 사항이 긍정적인지 부정적인지 의문을 나타내는 표현으로, 知(し)らない, 分(わ)からない, 怪(あや)しい, 自信(じしん)がない 등의 말이 이어지는 경우가 많다.

例文
野球でメダルが取れるかどうかは分からない。
야구에서 메달을 딸 수 있을지 어떨지는 모른다.

普通の人々はこれが国産なのかどうか分からない。
보통 사람들은 이것이 국산인지 어떤지 모른다.

彼が持ってきた作品が本物かどうかどうも怪しい。
그가 가지고 온 작품이 진짜인지 어떤지 아무래도 미심쩍다.

政府で住民の要求を受け入れてくれるかどうか疑問です。
정부에서 주민의 요구를 받아 들여줄지 어떨지 의문입니다.

접 속	동사 연용형 + かねない
의 미	〜(할)지도 모른다
용 법	〜かねない는 그 가능성이나 위험성이 있음을 나타내는 표현으로, 〜かもしれない, 〜ないとは言えない와 의미가 비슷하다. 〜かねない는 말하는 사람이 마이너스의 평가를 내리는 것에만 사용한다.

例文
労働者の生活がこれ以上苦しくなったら、暴動が起こりかねません。
노동자의 생활이 이 이상 힘들어지면, 폭동이 일어날지도 모릅니다.

このまま放っておくと、取り返しがつかないようなことになりかねない。
이대로 내버려두면, 돌이킬 수 없는 그런 상황이 될지도 모른다.

政府案はいくつかの問題点をはらんでおり、市民団体の反発が招きかねない。
정부안은 몇 가지의 문제점을 내포하고 있어, 시민단체의 반발을 초래할지도 모른다.

・彼女の病気はなおりかねない。（×）
・彼女の病気はなおるかもしれない。（○）그녀의 병은 나을지도 모른다.

＊ 兼ねる 겸하다
彼は同窓会の会長も兼ねている。 그는 동창회의 회장도 겸하고 있다.

※ 동사 연용형 + かねる　～하기 어렵다, ～할 수 없다

残念ながら、そのご提案はお受けいたしかねます。
유감스럽지만, 그 제안은 받아들이기 어렵습니다.

9 ～かもしれない

접 속　동사/형용사 연체형 + かもしれない

명사/형용동사 어간 + (なの／である) + かもしれない

의 미　～일(할)지도 모른다

용 법　～かもしれない는 말하는 사람이 어떤 사항에 대해 그럴 가능성이 있음을 추측 또는 추량의 형태를 나타낼 때 사용한다. 회화체에서는 ～かも分からない를 사용하기도 하며, 편한 사이에서는 ～かもね, ～かもよ 등의 형태를 사용한다.

例文　彼はもう帰ってしまったのかもしれない。
그는 벌써 돌아가 버렸는지도 모른다.

週末よりは平日の方が静かかも知れない。
주말보다는 평일 쪽이 조용할지도 모른다.

あの方、ひょっとしてここの社長かも知れない。
저 분, 어쩌면 여기 사장인지도 모른다.

この案なら国民が支持してくれるかも知れない。
이 안이라면 국민이 지지해 줄지도 모른다.

10 ～からといって

접 속　술어 종지형 + ～からといって

의 미　～라고 해서, ～때문이라고 해서

용 법　～からといって는 문장의 끝에 부정문이 오며, 앞문장이 뒷문장에 대한 이유로서 성립하지 않음을 나타내는 경우에 사용한다.

例文　砂糖を控えたからといって痩せるとは限らない。
설탕을 적게 했다고 해서 살이 빠진다고는 할 수 없다.

用事があるからといって仕事をサボってはいけない。
볼일이 있다고 해서 일을 빼먹어서는 안 된다.

この問題が解けたからといって数学が得意だとは言えない。
이 문제를 풀었다고 해서 수학을 잘한다고는 말할 수 없다.

いくら先輩だからといってもぼくの日記を読むなんて許せない。
아무리 선배라고 해도 내 일기를 읽다니 용서할 수 없다.

11　〜こそ

접 속	체언 + こそ 술어 て + こそ 술어 から + こそ
의 미	〜こそ 〜이야말로 〜てこそ 〜해야말로, 〜해야만이 〜からこそ 〜하기 때문에
용 법	〜こそ는 명사나 동사 て형, 이유를 나타내는 から 등에 접속하여 어떤 상황을 강조하여 '다름아닌 그것이다' 라는 의미를 갖게 한다. 〜てこそ는 뒤에 플러스 평가의 표현이 이어지는 경우가 많다.

例文 今年こそ運転免許を取るつもりだ。
올해야말로 운전 면허를 딸 생각이다.

彼はいちおう会長でこそあるが、実権は全くない。
그는 일단 회장이기는 하지만, 실권은 전혀 없다.

互いに助け合ってこそ本当の家族といえるだろう。
서로 도와야 만이 진정한 가족이라고 할 수 있을 것이다.

これは運じゃない。努力したからこそ成功したんだ。
이것은 운이 아니다. 노력했기 때문에 성공한 것이다.

12　〜ことがある

접 속	동사의 た형 + ことがある
의 미	〜한 적이 있다
용 법	〜ことがある는 동사 과거형을 받아, 과거를 회상하며 경험을 말할 때 사용한다.

例文 私も何回か経験したことがあります。
나도 몇 번인가 경험한 적이 있습니다.

そんな話は聞いたことがありません。
그런 이야기는 들은 적이 없습니다.

一時彼女を深く愛したこともあります。
한때 그녀를 깊이 사랑한 적도 있습니다.

＊ る형 뒤에 오는 〜ことがある는 어떤 일이나 사건 등이 때때로 혹은 간혹 일어남을 나타내는 표현이다.

例文 長雨が続くと、害虫の被害を受けることがある。
장마가 계속되면 해충의 피해를 받는 일이 있다.

乾期に入ると二ヶ月以上も雨が降らないことがある。
건기에 들어가면 2개월 이상이나 비가 내리지 않는 일이 있다.

접　속	동사 연체형 + ことができる
의　미	〜(할) 수 있다, 〜하는 것이 가능하다
용　법	〜ことができる는 동사의 가능표현의 하나인데, 동사와 형식명사, 가능을 나타내는 동사로 구성된 것이다. 즉, 가능의 의미를 갖는 できる를 넣어 가능표현을 만든 것이다.

例文 この映画は子供も見ることができます。

이 영화는 어린이도 볼 수 있습니다.

市民も情報公開を要求することができます。

시민도 정보 공개를 요구할 수 있습니다.

このままでは投票を行うことができません。

이대로는 투표를 행할 수가 없습니다.

※ 한어동사나 일부 동작성 명사에는 できる만으로 가능표현이 된다.

例文 合格者はインターネットで確認できます。

합격자는 인터넷에서 확인할 수 있습니다.

参加したい人はいつでも申し込みできます。

참가하고 싶은 사람은 언제라도 신청할 수 있습니다.

접　속	명사 + ごとに 동사 연체형 + ごとに
의　미	〜마다
용　법	〜ごとに는 명사에 접속하여 '〜마다'의 의미를 나타내거나, 동사에 접속하여 〜たびに의 의미인 '〜할 때마다'의 의미를 나타내는데, 이런 경우에는 주로 たびに를 사용한다.

例文 この壁のポスターは季節ごとに変わる。

이 벽의 포스터는 계절마다 바뀐다.

韓国では四年ごとに国会議員選挙があります。

한국에서는 4년마다 국회의원 선거가 있습니다.

パスポートは5年ごとに更新しなければなりません。

여권은 5년마다 갱신해야 합니다.

アメリカのテレビは十五分ごとにコマーシャルが入ります。

미국 TV는 15분마다 광고가 들어갑니다.

접 속	동사 연체형 + ことにする
의 미	〜하기로 하다
용 법	〜ことにする는 어떤 사항에 대한 결정이나 결의 등을 나타낸다. 특히 ことに하고 있는는 어떤 결정에 근거한 개별적인 습관이나 약속 등을 나타내는 경우에 사용한다.

例文
これからは、株式に手を出さないことにした。
앞으로는, 주식에 손을 대지 않기로 했다.

今日はどこへも行かないで家で休むことにした。
오늘은 아무데도 가지 않고 집에서 쉬기로 했다.

私は毎日必ず田舎の両親に電話をすることにしている。
나는 매일 꼭 시골 부모님에게 전화를 하기로 하고 있다.

彼の家族は、家事はすべて分担してやることにしているそうだ。
그의 가족은, 가사는 모두 분담하여 하기로 하고 있다고 한다.

접 속	동사 연체형 + ことになる
의 미	〜하게 되다
용 법	〜ことになる는 어떤 사항에 대해, 결정이나 합의가 이루어지거나, 어떤 결과가 됨을 나타낸다. 특히 ことになっている는 예정, 법률이나 규칙과 같이 사람을 구속하는 여러 가지 결정 사항을 나타내는 경우에 사용한다. ことにする는 동작수가 명확한데 비해, ことになる는 그것이 명확하지 않고, 자연스럽게 저절로 그런 결과가 된다는 의미를 나타낸다.

例文
今度の転勤で田舎の支社に行くことになった。
이번 전근으로 시골 지사로 가게 되었다.

この問題は、両政府の次官級協議で委ねられることになりました。
이 문제는, 양 정부의 차관급 협의에 맡겨지게 되었습니다.

規則では、不正を行った場合は失格ということになっている。
규칙으로는, 부정을 행한 경우는 실격으로 하게 되어 있다.

夏休みの間、畑の水やりは子供たちがすることになっている。
여름 방학 동안, 밭의 물주기는 아이들이 하게 되어 있다.

접 속	형용사 어간 + さ
의 미	～함
용 법	형용사의 명사형은 보통 어간에 さ를 붙여 만들지만 드물게 み를 붙여서 만드는 경우도 있다. 하나의 형용사에 두 형태의 명사형이 존재하는 경우도 있다.

例文 彼女のやさしさに惚れて、結婚を決心しました。
그녀의 상냥함에 반해, 결혼을 결심했습니다.

キムチのおいしさはよく知られている事実である。
김치의 맛있음은 잘 알려져 있는 사실이다.

暑さでたるみがちの気持ちを引きしめながら、練習を重ねた。
더위로 늘어지기 쉬운 기분을 긴장시키면서, 연습을 거듭했다.

自分がこの世界に飛込んでみて、改めて伝統の重みを実感した。
자신이 이 세계로 뛰어들어 보고, 새삼 전통의 무게를 실감했다.

確かにおもしろいことはおもしろいが、その映画には深みがない。
확실히 재미있기는 재미있지만, 그 영화에는 깊이가 없다.

＊ 형용동사에도 어간에 さ를 붙여 명사형을 만든다.

例文 田舎では、今も人々の心の豊かさを感じることができます。
시골에서는, 지금도 사람들의 마음의 풍요로움을 느낄 수 있습니다.

会社の倒産を救ったのは、彼の大胆さだと言ってもいいだろう。
회사의 도산을 구한 것은, 그의 대담함이라고 해도 좋을 것이다.

접 속	동사 연체형 + さい / 명사 + の + さい
의 미	～(할) 때
용 법	～際는 시기를 나타내는 표현으로, ～時와 비슷하지만 그 의미가 조금 무겁고 기회, 계기 등의 의미가 덧붙여지며, 부정형에는 붙지 않는 것이 ～時와 다르다.

例文 先日学会に行った際、あの先生に会いました。
요전에 학회에 갔을 때, 그 선생님을 만났습니다.

出発の際には一同そろって無事を祈って乾杯した。
출발할 때에는 일동 모두가 무사를 기원하며 건배했다.

お降りの際はお忘れ物のないよう、お気をつけください。
내리실 때에는 잊으시는 물건이 없도록, 주의하십시오.

このさい、思いきって家族みんなで田舎に引っ越さない？
이번에, 마음먹고 가족 모두 시골로 이사하지 않을래?

접　속 | 명사(+조사) + さえ
동사 て형 + さえ

의　미 | ～조차, ～만

용　법 | ～さえ는 당연하다고 생각되는 일이 그렇지 않을 경우나, 그 밖의 일은 말할 것도 없음을 나타낼 때 사용한다. 주격에 붙는 경우는 ～でさえ로 사용하는 일이 많다.

例文　そんなことは子供でさえ知っているよ。
그런 것은 어린이조차 알고 있어.

本人にさえ分からないものを、彼に分かるはずがない。
본인조차 모르는 것을, 그가 알 리가 없다.

あなたさえそばにいてくれれば、ほかには何も要らない。
당신만 옆에 있어 주면, 달리 아무것도 필요없다.

≒ あなたがそばにいてさえくれれば、ほかには何も要らない。
당신이 옆에 있어만 주면, 달리 아무것도 필요없다.

≒ あなたがそばにいてくれさえすれば、ほかには何も要らない。
당신만 옆에 있어 주기만 하면, 달리 아무것도 필요없다.

접　속 | 동사 미연형(あ段) + (さ)せる
5단동사 미연형 + せる
1단동사 미연형 + させる
くる → こさせる
する → させる

의　미 | ～하게 하다

용　법 | ～させる는 동사의 미연형에 접속하여 동사의 사역형을 만든다.

例文　公務員の腐敗と無能が市民を怒らせた。
공무원의 부패와 무능이 시민을 화나게 했다.

国を発展させる原動力は全国民の団結にあります。
나라를 발전시키는 원동력은 전 국민의 단결에 있습니다.

子供には勉強させるのも大事だが、遊ばせるのも必要だ。
아이들에게는 공부시키는 것도 중요하지만, 놀게 하는 것도 필요하다.

幼いときから礼儀作法を身につけさせなければなりません。
어릴 때부터 예의범절을 몸에 익히게 하지 않으면 안 됩니다.

21　〜させられる

접속	동사 미연형 + させられる
의미	어쩔 수 없이 〜하게 되다
용법	〜させられる는 사역수동형으로 누군가의 강요에 의해 행동하게 되는 경우나, 어쩔 수 없이 그렇게 된 상태를 나타내는 경우에 사용한다. 5단동사의 경우에는 飲(の)ませられる, 行(い)かせられる 대신에 飲まされる, 行かされる의 형태로 많이 쓰인다.

例文 先輩に無理に酒を飲まされた。
선배 때문에 무리하게 술을 마시게 되었다.

彼は毎日遅くまで残業させられているらしい。
그는 매일 늦게까지 어쩔 수 없이 잔업을 하고 있는 것 같다.

昨日は、お母さんに三時間も勉強させられました。
어제는, 어머니 때문에 어쩔 수 없이 3시간이나 공부하게 되었습니다.

この年になって、海外に転勤させられるとは思ってもみなかった。
이 나이가 되어, 해외에 전근가게 되리라고는 생각해 보지도 않았다.

22　〜ざるをえない

접속	동사 미연형 + ざるをえない (する → せざるをえない ／ くる → こざるをえない)
의미	〜하지 않을 수 없다
용법	〜ざるをえない는 그렇게 할 수밖에는 다른 방도가 없음을 나타내는 표현으로, 어떤 압력이나 상황의 절박함 때문에 어쩔 수 없이 행동하는 경우에 사용하는 문장체적 표현으로, 〜するほかない와 바꾸어 쓸 수 있다.

例文 先生に言われたことだから、やらざるをえない。
선생님이 말씀하신 일이니, 하지 않을 수 없다.

国民に知られたから、公平に処理せざるをえなくなった。
국민들에게 알려졌으니, 공평하게 처리하지 않을 수 없게 되었다.

あんな話を信じるとは、我ながらうかつだったと言わざるを得ない。
그런 이야기를 믿다니, 내가 생각해도 경솔했다고 말하지 않을 수 없다.

非難を浴びれば、政府も計画を白紙に戻さざるを得ないのではないか。
비난을 받으면, 정부도 계획을 백지로 돌리지 않을 수 없는 것 아닌가.

접속　한자어 + される

의미　～되다

용법　～される는 ～する의 수동형이다. 일반적으로 우리말의 '하다(되다)'는 일본어의 する(される)와 대응하지만, 대응하지 않는 경우도 있다. 즉, 우리말의 '되다'가 일본어에서는 される가 아닌 する로 되는 경우도 있으므로, 주의해야 한다.

例文　開幕式は全世界に生で放送されます。
개막식은 전 세계로 생방송됩니다.

参加できるのは百人までに制限されます。
참가할 수 있는 것은 백 명까지로 제한됩니다.

この古い商店街も再開発で全部撤去されます。
이 오래된 상점가도 재개발로 전부 철거됩니다.

一カ所に集中されていた機能がだんだん分散されている。
한 곳에 집중되어 있던 기능이 점점 분산되고 있다.

접속　술어 종지형 + し

의미　～이(하)고

용법　～し는 병렬이나 이유를 나타내는 접속조사로, 동시적인 사항이나 말하는 사람의 의식 속에 서로 관련되어 있는 사항을 나열할 때, 인과 관계의 문장에서 다른 이유도 있음을 암시하는 경우에 사용한다.

例文　今日は雨だし、それに風も強い。
오늘은 비도 오고, 게다가 바람도 세다.

春になると花も咲きますし、鳥も来ます。
봄이 되면 꽃도 피고, 새도 옵니다.

部屋には鍵がかかっていなかったし、窓も開いていた。
방에는 열쇠도 잠겨있지 않았고, 창문도 열려 있었다.

今日はボーナスも出たし、久しぶりに外に食べに行こうか。
오늘은 보너스도 나왔고, 오랜만에 밖으로 먹으러 나갈까?

구 문 명사 + (조사) + しか + 동사 부정형

동사 연체형 + しか + 동사 부정형

의 미 ～밖에 ～지 않다

용 법 ～しか는 뒤에 부정 표현이 오며, 한가지 사항만을 들어 다른 것은 배제하고 있음을 나타낸다.

例文 朝はだいたいジュースしか飲みません。
아침은 대개 주스밖에 마시지 않습니다.

風邪で行けないというのは口実としか思えない。
감기로 못 간다는 것은 구실로밖에 생각되지 않는다.

燃料がなくなったら、飛行機は落ちるしかない。
연료가 없어지면, 비행기는 떨어질 수밖에 없다.

今回は決められた場所で家族五人としか会えません。
이번에는 정해진 장소에서 가족 5명과밖에 만날 수 없습니다.

접 속 동사의 미연형 + ず (する → せず／くる → こず)

의 미 ～하지 않고, ～하지 않아

용 법 ～ず는 부정을 나타내는 고어(古語)로, 지금까지도 문장체나 관용적 표현에 많이 사용한다. 회화체에서는 ～なくて, ～ないで의 형태를 많이 사용하며, ず는 주로 인과관계의 문장에서 앞문장과 뒷문장을 연결할 때 사용한다.

例文 出発前日まで予約が取れず、心配させられた。
출발 전날까지 예약이 되지 않아, 걱정했다.

彼はものを言うときに絶えず首を動かす。
그는 무언가를 말할 때 끊임없이 목을 움직인다.

一時間待っても雨はやまず、濡れて帰った。
한 시간 기다려도 비는 멎지 않아, 비를 맞고 돌아왔다.

公の場でも人を気にせず、話をする人が多くなった。
공공장소에서도 남을 의식하지 않고, 이야기를 하는 사람이 많아졌다.

27

～ずに

접 속	동사의 미연형 + ずに
의 미	～하지 않고
용 법	ずには ず에 に가 접속한 형태로, 회화체에서 많이 사용한다. 뒷문장이 성립됨에 있어서의 방법이나 상태 등을 나타내며, 뒷문장을 수식하는 용법으로 많이 사용된다. ないで와 같은 의미로 많이 사용된다.

例文 よくかまずに食べると胃を悪くしますよ。
잘 씹지 않고 먹으면 위를 상하게 합니다.

うっかりして切手を貼らずに手紙を出してしまった。
깜박하고 우표를 붙이지 않고 편지를 붙여 버렸다.

製品の説明書を読まずに使っている人は多いようだ。
제품의 설명서를 읽지 않고 사용하고 있는 사람은 많은 것 같다.

昨日は財布を持たずに家を出て昼ご飯も食べられなかった。
어제는 지갑을 안가지고 집을 나와 점심도 못 먹었다.

～すぎる

접 속	동사 연용형 + すぎる 형용사/형용동사 어간 + すぎる 명사 + すぎる
의 미	지나치게 ～하다
용 법	～すぎる는 어떤 상태가 과함을 나타내는 표현이다. 접미어 ～的(てき)에도 접속하여 ～的すぎる의 형태로도 쓰인다.

例文 昨日コーヒーを飲みすぎて、寝られませんでした。
어제는 커피를 너무 마셔서, 잠을 못 잤습니다.

あの車がほしいんですが、高すぎて買えません。
저 차를 갖고 싶지만, 너무 비싸서 못삽니다.

スープが熱すぎて舌をやけどしてしまいました。
스프가 너무 뜨거워서 혀를 데고 말았습니다.

買い物が大好きで、クレジットカードを使いすぎます。
쇼핑을 너무 좋아해서, 신용카드를 너무 많이 씁니다.

접속 한자어 + する

의미 통용되다, 통용되는/실현되었다, 실현된

용법 ～する는 '～하다', ～される는 '～되다'가 일반적인데 ～する가 '～되다'가 되는 경우가 있다. 하지만 이를 ～される로 표현하면 부자연스러울 때가 있다. 명사를 수식하는 '～된'이 ～された가 아닌 ～した로 대응하는 경우가 많으며, ～化する도 '～화되다'의 의미로 사용되는 경우가 많다.

例文 ビザカードは全世界で通用するカードです。
비자카드는 전세계에서 통용되는 카드입니다.

意見の食い違いにこだわるより、共通する点を探してみよう。
의견의 차이에 구애받기보다, 공통되는 점을 찾아 보자.

二人はかなり対立した考え方を持っていた。
두 사람은 꽤 대립된 생각을 가지고 있었다.

それが全国に普及していったのは最近になってからだ。
그것이 전국에 보급되어 간 것은 최근이 되서이다.

小学生にまで携帯電話の使用が一般化した。
초등학생에게까지 휴대전화의 사용이 일반화되었다.

民主的な直接選挙で、平和的な政権交代が実現した。
민주적인 직접선거로, 평화적인 정권 교체가 실현되었다.

접속 ～する형을 취하는 한어 형용사

의미 부족하다

용법 우리말의 한어 형용사(한자어＋하다)는 일본어에서는 대부분 형용동사가 그 역할을 하며, する와 접속하여 동사가 되는 단어도 있다. 이런 동사에는 切迫する 외에 緊迫(きんぱく)する, 充実(じゅうじつ)する, 徹底(てってい)する, 不足(ふそく)する 등이 있으며, 주로 ～した와 같은 형태로 명사를 수식한다. 不足する와 不足な가 같은 의미로도 쓰인다.

例文 韓国にも水が不足した時代が来るかも知れないとの予測がある。
한국에도 물이 부족한 시대가 올지도 모른다는 예측이 있다.

両国の関係は悪化し、国境付近は緊迫した空気に包まれている。
양국 관계는 악화되어, 국경 부근은 긴박한 공기에 싸여 있다.

大会を充実したものとするために、細かい計画が立てられ、検討された。
대회를 충실한 것으로 만들기 위해, 세밀한 계획이 세워지고, 검토되었다.

徹底した仕事をすると評判があるだけに、細かな点まで配慮が行き届いている。 철저히 일을 한다는 평판이 있는 만큼, 세세한 점까지 배려가 미치고 있다.

접 속　동사 연용형 + そうだ
　　　　형용(동)사 어간 + そうだ

의 미　～(할) 것 같다, ～한 듯하다

용 법　～そうだ는 양태를 나타내는 표현으로, 실제로 확인한 것은 아니지만 외관상으로 충분히 그러한 경향이 있을 때 사용한다. 같은 양태를 나타내는 ～ようだ가 객관적인 정보 표현이라면 ～そうだ는 직접적인 감각 표현이라고 할 수 있다.

例文　星が出ているから明日は天気になりそうだ。
　　　별이 떠 있으니, 내일은 날씨가 좋을 것 같다.

　　　あの様子では二人はもうじき結婚しそうだ。
　　　저 모습으로는 두 사람은 곧 결혼할 것 같다.

　　　きょうは傘を持って行ったほうがよさそうだ。
　　　오늘은 우산을 가지고 가는 편이 좋을 것 같다.

　　　彼は一見まじめそうだが、実は相当な遊び人だ。
　　　그는 얼핏 성실해 보이지만, 실은 상당히 노는 사람이다.

　　　今回の選挙はむずかしそうだ。　이번 선거는 어려울 것 같다.
　　　今回の選挙はむずかしいようだ。이번 선거는 어려운 것 같다.

접 속　동사 연용형 + たい
　　　　명사/형용동사 어간 + でありたい

의 미　①～하고 싶다　②～하려고 하다
　　　　③～했(였)으면 한다, ～하기 바란다

용 법　～たい는 희망이나 자신의 의지, 의도 등을 나타내는데 사용하며, 제3자를 대상으로 하는 표현에서는 '～하고 싶다'와 같이 말하는 사람의 희망뿐만 아니라, '～했으면 한다', '～하기 바란다'와 같이 제3자에게 바라는 마음을 완곡하게 나타내기도 한다.

例文　日本に行ったら寿司を食べたいです。
　　　일본에 가면 초밥을 먹고 싶습니다.

　　　試験が終わったら田舎に帰って母の仕事を手伝いたい。
　　　시험이 끝나면 시골에 돌아가 어머니의 일을 돕고 싶다.

　　　私もツアーに参加したいと思って、昨日申し込みました。
　　　나도 여행에 참가하려고 생각하여, 어제 신청했습니다.

　　　人間の壁を作って抵抗した逸話を改めて思い起こしたい。
　　　인간 방패를 만들어 저항한 일화를 새삼 상기했으면 한다.

접 속	명사 + だけでなく
	용언 연체형 + だけでなく
의 미	〜뿐만 아니라
용 법	〜だけでなく는 한정을 나타내는 표현이며, だけではなく, だけではなくて, だけじゃなくて 등 여러 형태로 사용한다.

例文 お金だけでなく書類もなくなりました。
돈뿐만 아니라 서류도 없어졌습니다.

彼はまじめなだけではなく礼儀も正しい。
그는 성실할 뿐만 아니라 예의도 바르다.

そこは運転が荒っぽいだけじゃなくて事故も多い。
그곳은 운전이 거칠 뿐만 아니라 사고도 많다.

접 속	체언 + だけに
	용언 연체형 + だけに
의 미	〜인 만큼, 역시 〜라서
용 법	〜だけに는 어떤 일반적인 사항을 제시하고, 그것이 당연함을 나타내는 표현으로, 앞사항의 당연한 결과로 뒷상황이 나옴을 나타낸다.

例文 彼らは若いだけに徹夜をしても平気なようだ。
그들은 역시 젊어서 밤을 세워도 아무렇지 않은 모양이다.

彼は日本語の先生だけに日本については詳しい。
그는 일본어 선생님이라서 일본에 대해서는 잘 안다.

苦労しただけになおさら今回の優勝は嬉しいでしょうね。
고생한 만큼 더더욱 이번 우승은 기쁘겠지요.

若くて体力があるだけにかえって無理をして体をこわした。
젊어서 체력이 있는 만큼 오히려 무리를 하여 몸을 망쳤다.

접 속	동사/형용사 연체형 ＋ ため
	형용동사어간 ＋ な・の ＋ ため
	명사 ＋ の ＋ ため
의 미	① 목적 : 〜(하기/을) 위함
	② 원인/이유 : 〜(하기/이기) 때문
용 법	〜ため는 목적이나 원인을 나타낸다. 목적을 나타내는 경우에는 앞뒤 절의 주체가 동일해야 하며, 〜ため 앞에는 자신의 의지로 실현 가능한 사항이 오는 것이 보통이다.

例文 疲れをいやすためにサウナへ行った。
피로를 풀기 위해 사우나에 갔다.

切符を手にいれるために朝早くから並んだ。
표를 손에 넣기 위해 아침 일찍부터 줄을 섰다.

株価が急落したために市場が混乱している。
주가가 급락했기 때문에 시장이 혼란해 있다.

台風が近づいているために波が高くなっている。
태풍이 다가오고 있기 때문에 파도가 높아져 있다.

접 속	동사 연용형(音便形) ＋ たら
의 미	① 〜(하)면, 〜(이라)면
	② 〜(하)니, 〜(하)자
용 법	〜たら는 기본적으로 앞문장이 실현됨을 전제로 하여, 그것을 조건으로 나타낼 때 사용한다. と, ば 등은 일반적인 사실을, 〜たら는 특정의 개별적인 사항을 나타낼 때 많이 사용된다. 또한 문장의 끝에 과거형이 오는 확정조건에도 사용된다.

例文 ふだんは昼ご飯を食べたら昼寝をします。
보통은 점심을 먹으면 낮잠을 잡니다.

この薬を飲んだらすぐにせきは止まります。
이 약을 먹으면 바로 기침은 멎습니다.

お風呂に入っていたら、電話がかかってきた。
목욕을 하고 있자, 전화가 걸려 왔다.

変な音がするので隣の部屋に行ってみたら猫がいた。
이상한 소리가 나서 옆방에 가 보았더니 고양이가 있었다.

37

〜たり、〜たりする

접속	동사 연용형(音便形) + たり、동사 연용형(音便形) + たりする
의미	〜하기도 하고 〜하기도 하다, 〜하거나 〜하거나 하다
용법	〜たり, 〜たりする는 몇몇 사항 중에서 대표적인 몇 개만을 들어 나타내는데 사용한다. 〜たり가 하나밖에 없는 경우에도 다른 것이 있음을 암시적으로 나타내 주는 표현이다. 또한 〜たり〜たり는 명사적으로 사용되어, する 대신 の 의 형태로 명사에 접속되는 경우도 있다.

例文 彼は腕組みをして廊下を行ったり来たりしている。
그는 팔짱을 끼고 복도를 왔다갔다하고 있다.

その人のいないところで悪口を言ったりしてはいけない。
그 사람이 없는 곳에서 욕을 하거나 해서는 안 된다.

治療を受けたり受けなかったりでは効果がない。
치료를 받았다 안 받았다 해서는 효과가 없다.

山の方は晴れたり曇ったりの天気でしょう。
산 쪽은 맑았다 흐렸다 할 날씨일 것이다.

38

〜だろう

접속	동사/형용사 연체형 + だろう 형용동사 어간 + だろう 명사 + だろう
의미	① 〜(할/일)것이다(추량) ② 〜(하/이)지? 〜(하/이)겠지?(확인)
용법	〜だろう는 〜でしょう의 보통체 표현으로, 말하는 사람의 추측이나 듣는 사람에게 확인을 구할 때 사용한다. 추측의 경우에는 문장 끝의 억양을 내리며, 확인을 구할 경우에는 문장 끝의 억양을 올린다.

例文 こんな不思議な話はだれも信じないだろう。
이런 이상한 이야기는 아무도 믿지 않을 것이다.

これだけ長い手紙を書けば、両親も満足するだろう。
이만큼 긴 편지를 쓰면, 부모님도 만족할 것이다.

場所を探すのは簡単だったろう。
장소를 찾는 것은 간단했지?

この計画には先生も賛成してくれるだろう。
이 계획에는 선생님도 찬성해 주겠지?

접 속	동사 연용형 + つづける
의 미	계속해서 ~하다
용 법	~続ける는 동사의 연용형에 붙어, 어떤 상황이 계속됨을 나타내는 복합동사이다. 우리말로는 '계속하여 ~하다'의 의미여서, 続けて~する로 쓰기 쉽지만, 이런 의미라면 ~(し)続ける를 쓰는 것이 자연스럽다.

例文 その本は何回も何回も読み続けています。
그 책은 몇 번이고 몇 번이고 계속 읽고 있습니다.

彼は一次会からずっと酒を飲み続けていました。
그는 1차부터 쭉 계속하여 술을 마시고 있었습니다.

この伝統は必ず私たちが守り続けていくつもりです。
이 전통은 반드시 우리들이 계속해서 지켜갈 생각입니다.

三日も休まず、仕事をし続けていて、倒れる寸前です。
3일이나 쉬지 않고, 일을 계속하여, 쓰러지기 직전입니다.

접 속	명사 + っぽい 동사 연용형 + っぽい
의 미	~한 느낌이 들다, ~한 경향이 있다
용 법	~っぽい는 성질이나 상태를 나타나는 말에 붙어, 그런 느낌이나 성질이 있음을 나타낸다.

例文 うちのお父さんは忘れっぽくて困る。
우리 아버지는 쉽게 잘 잊어버려 큰일이다.

このカレーライスは水っぽくてまずいですね。
이 카레라이스는 싱거워 맛이 없군요.

彼は黒っぽい肌をしていて健康そうに見えた。
그는 검은 듯한 피부를 하고 있어 건강하게 보였다.

三十にもなって、そんなことで怒るなんて子供っぽいね。
30이나 되어, 그런 일로 화를 내다니 어린애 같군.

접 속	동사 て형 + いく
의 미	① 본동사 : ～하고 가다, ～해 가다
	② 보조동사 : ～하게 되다, ～해 지다
용 법	～ていく는 본동사와 보조동사로 사용될 때 각각 의미가 다르다. 본동사로 사용되는 경우에는 주로 동작이나 행위를 나타내는 동사와 함께 하는 경우로 무언가를 '하고 가다'의 의미를 나타낸다. 보조동사로 사용되는 ～ていく는 주로 상태를 나타내는 동사와 함께 하는 경우로, '～(하)게 되다', '～(해)지다'와 같이 상태가 변화되어 감을 나타낸다.

例文 記念にこれを買っていきたい。
기념으로 이것을 사 가고 싶다.

虎は獲物を狙って飛びかかっていった。
호랑이는 먹이를 노리며 달려 들어갔다.

彼の病気は治らず、ますます重くなっていった。
그의 병은 낫지 않고, 더욱더 악화되어 갔다.

この町も新しい観光地として発展させていけると思う。
이 마을도 새로운 관광지로서 개발시켜 갈 수 있으리라 생각한다.

접 속	동사 て형 + おる
의 미	～고/어 있다
용 법	～ておる는 ～ている의 정중한 표현으로, 현재의 상태를 나타낸다.

例文 彼女はいま席を外しております。
그녀는 지금 자리를 비웠습니다.

このところ女性の需要が増えております。
요즘 여성의 수요가 늘고 있습니다.

退職してからは、田舎でのんびりと過ごしております。
퇴직하고 나서는, 시골에서 느긋하게 보내고 있습니다.

局長は今出張に出ており、今週には帰ってきません。
국장님은 지금 출장을 나가 있어, 이번 주는 돌아오지 않습니다.

접 속	동사 て형 + から
의 미	～하고 나서
용 법	～てから는 두 가지 이상의 일이나 사건 등이 시간적인 간격을 두지 않고 일어나는 경우에 사용한다. 어떤 행위가 있고 난 후 다음 행위가 뒤따라서 이루어짐을 나타낸다.

例文　日本に来てから体重が増えている。
일본에 오고 나서 체중이 늘고 있다.

先に食事をしてから仕事をしましょう。
먼저 식사를 하고 나서 일을 합시다.

彼女は電話を切ってからすぐ出かけた。
그녀는 전화를 끊고 나서 바로 나갔다.

部長が変わってから社内の雰囲気がよくなった。
부장이 바뀌고 나서 사내의 분위기가 좋아졌다.

접 속	동사 て형 + くる
의 미	① 본동사 : ～하고 오다, ～해 오다 ② 보조동사 : ～하게 되다, ～해 지다
용 법	～てくる는 본동사와 보조동사로 사용될 때 각각 의미가 다르다. 본동사로 사용되는 경우에는 주로 동작이나 행위를 나타내는 동사가 함께 오는 경우로 '무언가를 하고 오다'의 의미를 나타낸다. 보조동사로도 사용되는 ～てくる는 주로 상태를 나타내는 동사가 함께 오며, '～(하)게 되다', '～(해)지다'와 같이 상태가 변화함을 나타낸다.

例文　先週友だちと海外旅行に行って来ました。
지난 주 친구들과 해외여행을 다녀왔습니다.

現場に行って直接自分の目で確かめて来ました。
현장에 가서 직접 제 눈으로 확인하고 왔습니다.

だんだん難しい内容も分かってきました。
점점 어려운 내용도 알게 되었습니다.

景気によって流行もだいぶ変わってきます。
경기에 따라 유행도 상당히 바뀌게 됩니다.

구문	～が ～を ～동사 て형 + くれる
의미	～이 ～을 ～해 주다
용법	～てくれる는 제삼자가 말하는 사람 또는 말하는 사람 쪽 사람을 위해 무언가를 하는 것을 행위자를 주격으로 하여 나타내는 표현으로, 행위자가 스스로 자진하여 하는 경우에 사용한다. 말하는 사람에게 부탁을 받고 무언가를 하는 경우에는 ～てもらう를 사용한다. ～てくださる는 더 정중한 표현이다.

例文

田舎の後輩がお土産を送ってくれました。
시골 후배가 선물을 보내 주었습니다.

試験の結果はだれが教えてくれるんですか。
시험 결과는 누가 가르쳐 주는 겁니까?

向こうで誠意を見せてくれて嬉しかったです。
그쪽에서 성의를 보여 주어 기뻤습니다.

引っ越しは会社の人たちが手伝ってくれました。
이사는 회사 사람들이 도와주었습니다.

접속	명사 + でしかない
의미	～에 지나지 않는다
용법	～でしかない는 대상을 그다지 높이 평가하지 않고 가치가 그 정도뿐임을 나타낼 때 사용한다. ～にすぎない와 바꾸어 쓸 수 있다.

例文

首相も親の目から見るといつまでも子供でしかないようだ。
수상도, 부모 눈에서 보면 언제까지나 아이에 지나지 않는 것 같다.

社長も家では子供にも相手にされない寂しい父親でしかない。
사장도 집에서는 아이들도 상대해주지 않는 외로운 아버지에 지나지 않는다.

社会的に地位の高い人でも死ぬときは一人の人間でしかない。
사회적으로 지위가 높은 사람도 죽을 때는 한사람의 인간에 지나지 않는다.

時間がなくて出来ないと言っているが、それは口実でしかない。
시간이 없어서 못한다고 말하고 있지만, 그것은 구실에 지나지 않는다.

47 　〜てしまう

접 속	동사 て형 + しまう
의 미	〜해 버리다, 〜하고 말다
용 법	〜てしまう는 '〜해 버리다, 〜하고 말다'의 의미로, 완료된 동작이나 어떤 일에 대한 유감이나 후회 등을 나타낸다. 우리말의 '〜해 버리다'가 아니라, '〜하다'로 번역해야 하는 경우도 있는데, 이런 경우는 동사의 의미를 아주 강하게 나타낸 표현이다. 회화체에서는 주로 〜ちまう, 〜ちゃう의 형태로 사용한다.

例文　知ってはいけないことを知ってしまった。
알아서는 안될 일을 알아 버렸다.

この宿題をしてしまったら、遊びに行ける。
이 숙제를 해버리면, 놀러 갈 수 있다

渋滞に巻き込まれて会議に遅刻してしまった。
교통정체에 휩쓸려 회의에 지각하고 말았다.

酔っぱらってばかなことを言ってしまったと後悔している。
술에 취해 바보 같은 소리를 해 버렸다고 후회하고 있다.

48 　〜て済(す)む

접 속	용언 + てすむ 체언 + ですむ
의 미	〜하여 해결되다, 〜하게 끝나다
용 법	〜て済む는 앞문의 내용에 대해 '(그것으로) 충분하다, 해결되다, 괜찮다'라는 의미를 나타내는 경우에 사용한다.

例文　お金で済むならいくらでも出します。
돈으로 해결된다면 얼마든지 내겠습니다.

あやまって済むことと済まないことがある。
사죄해서 끝날 일과 끝나지 않을 일이 있다.

もっと費用がかかると思ったが、二万円で済んだ。
좀더 비용이 들으리라 생각했는데, 2만 엔으로 충분했다.

ガラスを割ってしまったが、あやまっただけで済んだ。
유리를 깨 버렸는데, 사죄하는 것만으로 끝났다.

49　〜ては

접 속	용언 연용형 ＋ ては
의 미	〜해서는
용 법	〜ては는 문장의 끝에 마이너스 평가 내용을 나타내는 표현이 함께 온다. 즉 〜ては로 제시한 조건 하에서는 바람직하지 않은 결과가 뒷문장에 온다.

例文　そんなに人に頼っていては、進歩しませんよ。
그렇게 남에게 의지하고 있어서는, 진보 못합니다.

そんなにきびしくては、だれもついてきませんよ。
그렇게 엄해서는, 아무도 따라오지 않습니다.

先方の態度がそんなにあやふやでは将来が心配だ。
그쪽 태도가 그렇게 흐릿해서는 장래가 걱정이다.

そんなにテレビばかり見ていては目が悪くなってしまうよ。
그렇게 TV만 보고 있어서는 눈이 나빠지고 만다.

50　〜てはいけない

접 속	동사 연용형 ＋ てはいけない
의 미	〜해서는 안 된다
용 법	〜てはいけない는 금지를 나타내는 표현으로, 〜てはならない와 의미가 비슷하다. 회화체에서는 〜てはいけない가 〜ちゃいけない의 형태로 많이 사용된다.

例文　ここは車を止めてはいけない場所です。
여기는 차를 세워서는 안 되는 장소입니다.

まわりの人に迷惑をかけてはいけないよ。
주위 사람에게 폐를 끼쳐서는 안 된다.

断った人が不利な評価を受けてはいけない。
거절한 사람이 불리한 평가를 받아서는 안 된다.

その病気にはお酒を飲んではいけないそうだ。
그 병에는 술을 마셔서는 안 된다고 한다.

접속	동사 ては + ならない
의미	〜(해)서는 안 된다
용법	〜てはならない는 금지를 나타내는 표현으로, 일반적인 주의를 말할 때 사용하는 일이 많다. 특정 사항을 금지하기 위해 상대를 향해 직접 사용하는 경우는, 매우 특수한 상황에 한정되어 있으며 주로 문장체에 많이 사용한다. 회화체로는 〜ちゃいけない 등이 많이 사용된다.

例文 たとえ失敗したとしてもあきらめてはならない。
설령 실패했다 해도 포기해서는 안 된다.

訓練中にヘルメットを脱いだりしてはならない。
훈련 중에 헬멧을 벗거나 해서는 안 된다.

許可が降りるまで、だれもそこに入ってはならない。
허가가 날 때까지, 아무도 거기에 들어가서는 안 된다.

ここで見たことを人に話してはならないと言われた。
여기에서 본 것을 남에게 이야기해서는 안 된다고 말했다.

접속	동사 て형 + ほしい
의미	〜해 주었으면 좋겠다, 〜했으면 한다, 〜하기 바란다
용법	〜てほしい는 자신 이외의 사람에 대한 말하는 사람의 희망이나 요구를 나타내는 표현이므로 〜てもらいたい와 같은 의미이다. 부정형에는 〜ないでほしい, 〜てほしくない가 있으며, 〜ないでほしい는 '〜하지 않았으면 한다'라는 의뢰의 표현으로, 〜てほしくない는 자신의 희망을 타인에 관계없이 기술하거나, 타인의 행동에 대한 비난의 표현으로 사용한다.

例文 彼女にはいつまでもきれいでいてほしい。
그녀는 언제까지나 아름다웠으면 좋겠다.

プレゼントなので、リボンをかけてほしいんです。
선물이니, 리본을 달아 주었으면 좋겠습니다.

仕事が多いので、誰かに手伝ってほしいと思っている。
일이 많아서 누군가에게 도움을 받았으면 하고 생각하고 있다.

彼の愛が永遠に変わらないでほしいと思うのはぜいたくでしょうか。
그의 사랑이 영원히 변치 않았으면 하고 생각하는 것은 사치일까요?

うちの子には出世ばかりを考えるような人間にはなってほしくない。
우리 아이는 출세만을 생각하는 사람이 되지 않았으면 한다.

53 ～で(も)ある

접 속	명사/형용동사 어간 + で(も)ある
의 미	～이기도 하다
용 법	～でもある / ～ではある는 である에 조사 も나 は와 결합한 형태이다. 명사나 형용동사 어간에 접속하여 어떤 대상을 강조하여 단정하거나, 단정하면서 그 밖의 사항이 있음을 암시하는 표현이다. である는 だ의 문장체인데 ではある/でもある는 문장체·회화체의 구분 없이 사용한다.

· ～である ～이다 · ～ではある ～이기는 하다

· ～でもある ～이기도 하다

例文 彼は先生ではありますが、博士課程の学生でもある。
그는 선생님이기는 합니다만, 박사 과정의 학생이기도 하다.

派手な色をしているが、それが着物の特徴でもある。
화려한 색을 하고 있지만, 그것이 기모노의 특징이기도 하다.

正直なところが彼の長所だが、それが短所でもある。
정직한 점이 그의 장점이지만, 그것이 단점이기도 하다.

久しぶりの休暇ではあるが、台風で動くことができない。
오래간만의 휴가이기는 하지만, 태풍으로 움직일 수가 없다.

54 ～てもらう

접 속	～に ～を 동사 て형 + もらう
의 미	～이 ～을 ～해 주다
용 법	～てもらう의 구문에서는 동작을 행하는 주체가 に앞에 오며, ～てくれる의 표현과 비슷하다. もらう는 '받다'의 뜻을 가진 동사지만 ～てもらう를 '～을 해 받다'로 직역하게 되면 부자연스럽다. 또한 조사 に를 が로 하여 ～てもらう, ～てくれる로 바꾸어 표현할 수도 있지만, 그것도 어색한 경우가 많다.

例文 しばらくこの本貸してもらえますか。
잠시 이 책 빌려줄 수 있겠습니까?

明日までこの書類を預かってもらいませんか。
내일까지 이 서류를 맡아 주지 않겠습니까?

韓国の友だちにキムチの作り方を教えてもらった。
한국 친구가 김치 만드는 법을 가르쳐 주었다.

· このペンダントは彼に買ってもらいました。
· このペンダントは彼が買ってくれました。
이 목걸이는 그가 사 주었습니다.

접 속	동사 て형 + もらいたい
의 미	～했으면 한다, ～해 주었으면 한다, ～해 주기 바란다
용 법	～てもらいたい는 ～てもらう에 ～たい가 접속한 형태로 상대방에 대한 말하는 이의 요구나 의뢰, 희망 등을 나타내는 표현이다. ～てほしい와 의미가 비슷하며, 정중한 표현으로는 ～ていただきたい, 조심스럽게 의뢰할 경우에는 ～ていただきたいのですが와 같은 형태를 사용한다.

例文 レポートは来週までに出してもらいたい。
レポートは 다음 주까지 내 주었으면 좋겠다.

皆さんに会議の準備を手伝ってもらいたい。
여러분이 회의 준비를 거들어 주었으면 좋겠다.

経費を減らす方法をみんなに考えてもらいたい。
경비를 줄일 방법을 모두 생각해 주기 바란다.

いっしょにいたくないから、部屋から出てもらいたい。
같이 있고 싶지 않으니, 방에서 나가 주었으면 좋겠다.

55 ～と

접 속	술어 기본형 + と
의 미	と + ～동사의 현재형 : ～(하/이)면 と + ～동사의 과거형 : ～(하)니/자
용 법	～と는 일반적인 원리나 도리 등의 일반조건, 습관, 동작의 반복을 조건으로 제시하는 경우, 앞문장이 성립하는 경우에 뒷문장이 성립함을 나타내는 가정조건, 이미 실현된 것을 소선으로 제시하는 확정조건 능을 나타낸다. 문장 끝에 명령·의뢰·권유나 의지 표현이 오면 ～と가 아닌 ～たら 등을 사용한다.

例文 気温が急に下がると霧が発生する。
기온이 급히 내려가면 안개가 발생한다.

あまり生活が便利だと、人は不精になる。
너무 생활이 편리하면, 사람은 게을러지게 된다.

このドラマを見ると人生観が変わるかも知れない。
이 드라마를 보면 인생관이 바뀔지도 모른다.

面白いコマーシャルを見るとすぐ買いたくなる癖がある。
재미있는 광고를 보면 바로 사고 싶어지는 버릇이 있다.

街を歩いていたら見知らぬ男が声をかけてきた。
거리를 걷고 있자 모르는 남자가 말을 걸어 왔다.

男は目覚まし時計を止めると、またベッドへ戻った。
남자는 자명종을 끄더니, 다시 침대로 돌아왔다.

56 ～ということ

접속	문 + ということ
의미	～라고 하는 것(내용/의미)
용법	～ということ는 이야기나 지식, 사건 등의 내용을 구체적으로 제시하는 경우나, 어구의 의미나 내용에 대한 해석을 서술하는 경우에 사용한다.

例文 林さんが韓国へ赴任するということが正式に決まった。
하야시 씨가 한국으로 부임한다는 것이 정식으로 결정되었다.

この法律を知っている人が少ないということは、大きな問題だ。
이 법률을 알고 있는 사람이 적다고 하는 것은, 큰 문제이다.

この諺の意味は、時間を大切にしないといけないということだ。
이 속담의 의미는, 시간을 소중히 해야한다고 하는 것이다.

「灯台もと暗し」とは身近なことはかえって気がつかないということだ。
「등잔 밑이 어둡다」란 가까운 일은 오히려 알아차리지 못한다는 의미이다.

57 ～といった

접속	명사 + といった + 명사
의미	～라고 하는, ～과 같은
용법	～といった는 예를 열거하는 표현으로, 그것이 전부가 아니라, 그 외에도 아직 있다는 의미를 내포하고 있다.

例文 駐車場にはベンツ、ロールスロイスといった最高級の車が並んいる。
주차장에는 벤츠, 롤스로이스와 같은 최고급 차가 늘어서 있다.

黒沢、小津といった日本の有名な映画監督の作品を上映するそうだ。
구로사와, 오즈라고 하는 일본의 유명한 영화감독 작품을 상영한다고 한다.

この学校には韓国、中国といったアジアの国々からの留学生が多い。
이 학교에는 한국, 중국과 같은 아시아 여러 나라로부터의 유학생이 많다.

58 　～通（とお）り

접 속	명사 ＋ どおり
	명사 ＋ の ＋ とおり
	동사 연체형 ＋ とおり
의 미	～대로
용 법	～通りは 예정/계획/지시/명령 등의 명사, 또는 思（おも）う, 考（かんが）える 등의 동사의 연용형에 붙어, 그것과 '마찬가지로/그와같이/그대로' 와 같은 의미를 나타낸다.

例文 すべてを社長の指示どおりに手配いたしました。
모든 것을 사장님의 지시대로 수배했습니다.

彼の言うとおりに繰り返し練習することが大事です。
그가 말한 대로 반복해서 연습하는 것이 중요합니다.

先生の娘さんは私が想像していたとおりの美人でした。
선생님의 따님은 내가 상상하고 있던 대로의 미인이었습니다.

世の中は自分の考えどおりには動いてはくれないものだ。
세상은 자기가 생각한 대로는 움직여 주지 않는 것이다.

59 　～どころか

접 속	용언 연체형 ＋ どころか
	명사 ＋ どころか
의 미	～은 커녕
용 법	～どころかは 앞에서 제시한 사실과는 정반대인 사실이 뒤에 이어져, 예상이나 기대에 반하는 사실을 제시하는 데 사용한다. 형용동사는 어간에 직접 접속할 수도 있다.

例文 風雨は弱まるどころか、ますます激しくなる一方だ。
비바람은 약해지기는커녕, 더더욱 심해지기만 했다.

この夏休みはゆっくり休むどころか、仕事に追われどおしだった。
이번 여름휴가는 편히 쉬기는커녕 일에 쫓겨다니기만 했다.

お前のような奴には、一万円どころか一円だって貸してやる気はない。
너 같은 녀석에게는, 만엥은 커녕 1엥도 빌려줄 마음은 없다.

最近の大学生の中には、漢字どころかひらがなさえもうまく書けない者がいる。
최근의 대학생 중에는 한자는커녕 히라가나조차도 제대로 못쓰는 자가 있다.

접 속	동사 た형＋ところで
의 미	① ～한 시점에서　② ～해 보았자, ～해 본들, ～한들
	③ ～했다 해서, ～한다 해도
용 법	～ところで는 앞의 동작이나 변화가 끝나 일단락 지은 시점에서 다음 동작이나 변화가 일어남을 나타낸다. 또한 뒤에 적은 정도를 나타내는 표현이 와서, 설령 그와 같은 일이 일어나더라도 그 정도는 대단한 것이 아님을 나타낸다. 뒤에 부정의 의미가 올 경우는, 그런 행위를 해도 기대하는 결과를 얻을 수 없음을 나타낸다.

例文 話の区切りが付いたところで、終わることにしましょう。

이야기의 매듭이 지어지는 시점에서, 끝내기로 합시다.

ようやく事業に見通しがつくようになったところで社長は倒れた。

겨우 사업에 전망이 서게 된 시점에서 사장은 쓰러졌다.

彼は出世したところで部長どまりだろう。

그는 출세해 본들 부장이 끝일 것이다.

どんなに遅れたところで、せいぜい5、6分だと思う。

아무리 늦어보았자, 기껏 5,6분일 것이다.

結果が少し遅く出たところで問題はない。

결과가 조금 늦게 나왔다고 해서 문제는 없다.

頑丈な作りだから、倒れたところで壊れる心配はない。

튼튼하게 만들었으니, 넘어졌다고 해서 부서질 염려는 없다.

접 속	절 ＋ とされる
	명사(だ) ＋ とされる
의 미	～이라고 여겨지다, 간주되다, 판단되다, 결정되다
용 법	～とされる는 앞문장에서 제시한 사항을 받아 그것으로 생각되거나 간주됨을 나타내는 표현으로, 보통 보도문이나 논문 또는 격식을 차리는 문체에 많이 사용된다. 명사술어문인 경우에는 だ를 생략하는 경우가 많다.

例文 オゾン層の破壊が大きく関わっているとされている。

오존층의 파괴가 크게 관련되어 있다고 생각되고 있다.

当時それは風俗を乱すものとされ、禁止されていた。

당시 그것은 풍속을 흐트리는 것으로 여겨져, 금지되어 있었다.

仏教で、生き物を殺すのは十悪の一つとされている。

불교에서는, 생물을 죽이는 것은 10개 죄악의 하나로 간주되고 있다.

접속 | 체언 + として
의미 | ～로서
용법 | ～としては 명사에 접속하여 자격·입장·종류·명목 등을 나타낸다.

例文　日本軍の行った行為は日本人として恥ずかしく思う。
일본군이 행한 행위는 일본인으로서 부끄럽게 생각한다.

軽井沢は古くから避暑地として人気があるところだ。
가루이자와는 옛날부터 피서지로서 인기가 있는 곳이다.

委員会としては、早急に委員長を選出する必要がある。
위원회로서는, 조급히 위원장을 선출할 필요가 있다.

わたしとしても、この件に関しては当惑しております。
나로서도, 이 건에 관해서는 당혹해하고 있습니다.

접속 | 명사 + とする
　　　| 술어 종지형 + とする
의미 | ～라고 하다(가정하다, 간주하다)
용법 | ～とする는 어떤 내용을 사실로 인정하고 그것을 조건으로 나타내거나, 어떤 사실을 판단, 결정하여 나타내는 경우에 사용한다. 보도문이나 법조문 등의 무거운 표현에 많이 사용된다.

例文　この試験では60点以上を合格とする。
이번 시험에서는 60점 이상을 합격으로 한다.

意見を言わない者は賛成しているものとする。
의견을 말하지 않는 자는 찬성하고 있는 것으로 한다.

裁判長は過失は被告側にあるとし、被害者に賠償金を払うよう命じた。재판장은 과실은 피고측에 있다고 하며, 피해자에게 배상금을 지불하도록 명했다.

五十人来るとして、会費は一人いくらぐらいにすればよいでしょうか。
50명 온다고 하고, 회비는 1인당 얼마 정도로 하면 좋을까요?

접속	명사/형용사 어간 + となる
의미	～이 되다, ～하게 되다
용법	～となる는 어떤 상태로 변화함을 나타내는 표현으로 ～になる와 비슷하다.

例文　この戦争は最終的には悲劇的な結末となった。
이 전쟁은 최종적으로는 비극적인 결말이 되었다.

その法案には様々な問題があることが明らかとなった。
그 법안에는 여러 가지 문제가 있음이 분명해졌다.

初めて戦後生まれの人物がアメリカの大統領となった。
처음으로 전후에 출생한 인물이 미국 대통령이 되었다.

今回の協定は大筋では米国側の主張を受け入れた内容となっている。
이번 협정은 대강에 있어서 미국측 주장을 받아들인 내용으로 되어 있다.

접속	구/절 + とは
의미	～라고 하는 것은, ～란
용법	～とは는 구나 절을 받아 그 내용이 무엇인지를 기술하는 표현으로, というの(もの/こと)は로 바꾸어 쓸 수 있다.

例文　学問とは、いったい何でしょうか。
학문이란, 도대체 무엇일까요?

政治とは、国民のために存在するものです。
정치란, 국민을 위해 존재하는 것입니다.

人生とは、いい時もあり、悪い時もあるものです。
인생이란, 좋을 때도 있고, 나쁠 때도 있는 법입니다.

歴史とは事実に基づいて書かなければなりません。
역사라고 하는 것은 사실에 입각하여 써야 합니다.

접 속　명사/형용동사 어간 + とはいえ
　　　술어 종지형 + とはいえ

의 미　〜라고는 하지만

용 법　〜とはいえ는 구나 절의 사항을 인정하면서도 거기서 기대되는 결과에 대해 아직 인정하기 어려운 점이 있음을 나타내는 표현이다. とはいいながら, とはいうものの, とはいっても 등으로 바꾸어 쓸 수 있다.

例文　病状が回復に向っているとはいえ、まだ安心するのは早い。
병세가 회복되어 가고 있다고는 하지만, 아직 안심하는 것은 빠르다.

男女平等の世の中とはいえ、職場での差別はまだ残っている。
남녀평등의 세상이라고는 하지만, 직장에서의 차별은 아직 남아 있다.

登山は体にいいとはいえ、疲れすぎると老いた体にはこたえる。
등산은 몸에 좋다고 하지만, 너무 피곤하면 나이든 몸에는 무리가 온다.

国際化が進んだとはいえ、外国人を特別視する態度は消えていない。
국제화가 진척되었다고 하지만, 외국인을 특별시하는 태도는 사라지고 있지 않다.

접 속　동사 종지형 + な

의 미　〜(하)지마

용 법　〜な는 동사의 종지형에 접속하여 어떤 행위에 대한 직접적인 금지명령을 나타낸다. 정중한 표현으로 〜ないでください가 있나.

例文　そんな馬鹿な真似はもう二度とするな。
그런 바보같은 짓은 이제 두번 다시 하지 마라.

なるべく回りの人々には迷惑をかけるな。
되도록 주위 사람들에게는 폐를 끼치지 마라.

危険だから運転中には携帯電話を使うな。
위험하니 운전 중에는 휴대전화를 사용하지 마라.

旅行に行ってしばらく休んでくるからおれを探すな。
여행 갔다 잠시 쉬다 올테니 나를 찾지 마라.

접 속	용언 연체형 + なかで
의 미	〜하(있)는 가운데, 〜하(있)는 속에서
용 법	〜なかでと 어떤 상황속에서 뒷동작이 이루어짐을 나타내는 표현이다

例文 その計画は社員の反対が多いなかで進められた。
그 계획은 사원의 반대가 많은 가운데 추진되었다.

軍の海外派兵は世論の批判が高まる中で決定された。
군의 해외 파병은 여론의 비판이 높아지는 속에서 결정되었다.

市民がみんな見ているなかで、事件が発生してしまった。
시민이 모두 보고 있는 가운데, 사건이 발생해 버렸다.

접 속	동사 연용형 + ながら
의 미	〜하면서(도), 〜이면서(도), 〈동시동작·양태·역접〉
용 법	〜ながらと 두 동작이 동시에 진행됨을 나타내거나, 어떤 상태가 변화하지 않고 지속됨을 또는 역접의 의미 등을 나타낸다. 역접의 경우에는, 형용사 연체형 또는 명사나 형용동사 어간 등에 접속할 수 있으며, ながらも의 형태를 취하기도 한다.

例文 飛行機は黒煙をあげながら真っ逆さまに墜落していった。
비행기는 검은 연기를 뿜으면서 거꾸로 추락해 갔다. (동시동작)

液体はぶくぶくとガスを発生させながら発酵を続けている。
액체는 부글부글 가스를 발생시키면서 발효를 계속하고 있다. (동시동작)

生まれながらの優れた才能に恵まれている。
태어나면서부터 뛰어난 재능을 갖추고 있다. (양태)

この車は小型ながら馬力がある。
이 차는 소형이지만 마력이 있다. (역접)

学生の身分でありながら、高級車に乗っている。
학생 신분이면서, 고급차를 타고 있다. (역접)

細々ながらも商売を続けている。
어렵지만(근근히 꾸려가고 있지만), 장사를 계속하고 있다. (역접)

접속　동사 미연형 + なければならない

의미　～(하)지 않으면 안 된다, ～(해)야 한다

용법　～なければならない는 어떤 의무 사항이나 필연적 결과로서 파악되는 사항을 나타낸다. 특히 법률로 정해진 사항처럼 자신의 의지로 변경하거나 무시할 수 없는 사항 등에 많이 쓰인다.

例文　道では横断歩道を渡らなければならない。
길에서는 횡단보도를 건너야 한다.

授業料は今月までに納めなければならない。
수업료는 이번 달까지 납부해야 한다.

教師は生徒に対して公平でなければならない。
교사는 학생에 대해 공평하지 않으면 안 된다.

就職するためには試験を受けなければならない。
취직하기 위해서는 시험을 보지 않으면 안 된다.

접속　동사 연체형 + などする

의미　～ 등 하다

용법　～などする는 여러 가지 중에서 주된 것을 예로 들어 나타내는 표현이다. 동사에 접속하는 ～などする는 '～(하는) 등 하다'의 구문이며, '～등 하다'의 번역이 부자연스러우면, 그저 '～등' 또는 '～등 그렇게 하다'처럼 번역한다.

例文　お金を送るなどして、彼の面倒を見ていました。
돈을 보내는 등 하여 그를 돌보고 있었습니다.

事件を解決するために、政府に訴えるなどしました。
사건을 해결하기 위하여, 정부에 호소하는 등의 행동을 했습니다.

ひげを剃るなどして、もう少し身だしなみに気をつけてほしい。
수염을 깎는 등, 좀더 몸가짐에 신경을 썼으면 좋겠다.

時には呼びつけて注意するなどしたのだが、あまり効き目がなかった。
때로는 불러서 주의하는 등 그렇게 했지만, 그다지 효과는 없었다.

접속	명사/부사 등 + な + の(だ)
의미	〜이다, 〜인 것이다
용법	〜なの는 명사나 부사 등에 〜のだ, 〜のか(의문)가 접속하는 경우에 な가 붙는 형태로, 그 의미나 용법은 〜のだ와 같다.

例文 事件の内容は本当にそうなのか。
사건의 내용은 정말로 그런 것인가?

次の開催地がどこなのかまだ決まっていない。
다음 개최지가 어디인지 아직 정해지지 않았다.

もしかして彼はまだ独身なのかも知れません。
어쩌면 그는 아직 독신인지도 모릅니다.

報告書の二ページなんですが、もう一度ご説明願います。
보고서 2페이지입니다만, 다시 한번 설명 부탁드립니다.

접속	용언 연체형 + なら 체언/형용동사 어간 + なら
의미	〜(이)라면, (가정/조건)
용법	〜なら는 조건을 제시하는 경우에 사용하며, 동사나 형용사의 경우에는 〜のなら／〜んなら의 형태로 사용한다. 즉, 앞문장을 하나의 명사로 생각하여 조건으로 제시하는 것이다. 당연한 사항이나, 시간이 경과하면 자연히 이루어지는 사항에 대해서는 〜なら를 쓰지 않는다. 즉 〜なら는 단순한 사실을 기술하는 경우에는 올 수 없으며, 판단·의지·명령·요구·제안·평가 등 말하는 사람의 주관적 태도를 나타내는 경우에 사용한다.

例文 勝つためなら、何でもやります。
이기기 위해서라면, 뭐든지 하겠습니다.

キムチなら一般家庭で食べた方がいいです。
김치라면 일반 가정에서 먹는 편이 좋습니다.

内容を知っているのなら私にも教えてほしい。
내용을 알고 있다면 내게도 가르쳐 주었으면 좋겠다.

みんなが応援してくれるなら最後まで頑張ります。
모두가 응원해 준다면 마지막까지 분발하겠습니다.

冬が来るなら雪が降る。（×）（なら → たら・ば・と）
겨울이 오면 눈이 내린다.

夏に入るなら梅雨が始まる。（×）（なら → たら・ば・と）
여름에 접어들면 장마가 시작된다

74 ～において

접속	체언 ＋ において
의미	～에 있어서, ～에서
용법	장소·시대·상황을 나타내는 명사를 받아, 어떤 사건이 일어나거나, 어떤 상태가 존재하는 등의 배경이나, 또는 '～에 관해서, ～점에서'와 같이 어떤 부분의 영역을 나타내어 그에 대한 평가나 다른 것과 비교하는 경우 등에 사용한다.

例文 卒業式は大講堂において行われた。
졸업식은 대강당에서 행해졌다.

大筋において彼女の意見は正しい。
대강에 있어서 그녀의 의견은 옳다.

論文の数において先生にかなうものはいない。
논문의 수에 있어서 선생님에게 필적할 자는 없다.

軍隊を派遣するという点においては強く反対する。
군대를 파견한다는 점에 있어서는 강력히 반대한다.

75 ～にくい

접속	동사 연용형 ＋ にくい
의미	～하기 어렵다
용법	～にくい는 동사 연용형에 섭속하여, 그렇게 하는 것이 어렵고, 간단하게 될 수 없음을 나타내는 표현이다

例文 この木は湿っているから燃えにくい。
이 나무는 축축해 있어서 타기 어렵다.

この道は舗装されていないので歩きにくい。
이 길은 포장되어 있지 않아서 걷기 어렵다.

あの人の話は発音が不明瞭で分かりにくい。
저 사람의 말은 발음이 명확하지 않아 이해하기 어렵다.

あの先生のところにはなかなか相談に行きにくい。
그 선생님한테는 좀처럼 상담하러 가기 어렵다.

접 속	명사(である) + にしても 동사/형용사 연체형 + にしても
의 미	〜라 하더라도, 〜라 치더라도
용 법	〜にしても는 앞문장에서 말하는 것을 인정하면서도 뒷문장에서는 앞에서 예측할 수 있는 것과는 다른 사항이 있음을 나타내는 표현이다.

例文 謝るにしても潮時というものがある。
사죄한다하더라도 시기라고 하는 것이 있다.

勝つにしても負けるにしても正々堂々と戦いたい。
이기든 지든 정정당당하게 싸우고 싶다.

何をするにしても、よく考えてから行動しなさい。
무엇을 한다하더라도, 잘 생각하고 나서 행동하세요.

たとえ失敗作であるにしても、十分に人を引き付ける魅力がある。
설령 실패작이라 치더라도, 충분히 사람을 끄는 매력이 있다.

접 속	동사 연체형 + にすぎない 명사 + にすぎない
의 미	〜에 지나지 않는다, 불과하다
용 법	〜にすぎない는 동사의 연체형 뒤에 오며 그다지 중요하게 생각하지 않는다는 뉘앙스를 담고 있다.

例文 今日の試合はまだ予選に過ぎません。
오늘 시합은 아직 예선에 불과합니다.

改革はまだ始まりの段階に過ぎません。
개혁은 아직 시작 단계에 불과합니다.

彼は学者ではなく単なる先生に過ぎない。
그는 학자가 아니라 단순한 선생님에 지나지 않는다.

社長は新入社員に過ぎない彼を信頼している。
사장님은 신입사원에 불과한 그를 신뢰하고 있다.

접속 ｜ 명사 + にする

의미 ｜ 〜으로 하다, 생각하다

용법 ｜ 〜にする는 대상에 작용하여 그것을 어떤 상태로 변화시킴을 나타낸다. 조사에 앞에 오는 명사는 변화되는 상태나 する가 변화시키는 행위를 나타낸다.

例文　市民団体を敵にしては勝ち目がありません。
시민단체를 적으로 해서는 승산이 없습니다.

私は彼を会社の後継者にするつもりはありません。
나는 그를 회사의 후계자로 할 생각은 없습니다.

弟は本をまくらにして、大の字になって寝ている。
동생은 책을 베개로 삼고, 대자가 되어 자고 있다.

本人がどういう人かよりも、親とか家とかを問題にすることがある。
본인이 어떤 사람인가 보다도, 부모라든가 집이라든가를 문제로 삼는 일이 있다.

접속 ｜ ① 명사/동사 연체형 + にたえる
　　　　② 명사/동사 연체형 + にたえない

의미 ｜ ① 〜할 수 있다, 〜할 만하다
　　　　② 〜할 수 없다, 차마 〜하기 괴롭다

용법 ｜ 〜に耐える는 鑑賞(かんしょう), 批判(ひはん) 등의 명사나 読(よ)む, 見(み)る 등의 동사에 접속하여, 그럴만한 충분한 가치가 있음을 나타낸다. 또한 부정성분은 어떤 상태가 너무 심해 그렇기 하기에 힘들거나 괴로움을 나타낸다.

例文　厳しい読者の批評にたえる紙面作りを目指したい。
엄격한 독자가 비평할 만한 지면 제작을 지향하고 싶다.

読むにたえる記事が書けるようになるまでには相当の訓練が要る。
읽을 만한 기사를 쓸 수 있게 되기까지는 상당한 훈련이 필요하다.

アマチュアの展覧会ではあるが、鑑賞にたえる作品が並んでいる。
아마추어의 전람회이긴 하지만, 감상할 만한 작품이 늘어서 있다.

近頃の週刊紙は暴露記事が多く、読むにたえない。
최근의 주간지는 폭로기사가 많아, 읽기가 괴롭다.

幼い子供が通りで物乞いをしている姿は見るにたえない。
어린 아이가 길에서 구걸을 하고 있는 모습은 차마 볼 수가 없다.

暴徒が次々に商店を襲い、正視するにたえない光景が繰り広げられた。
폭도가 계속해서 상점을 습격하여, 차마 바로 볼 수 없는 광경이 펼쳐졌다.

※ 〜にたえないは 感謝(かんしゃ), 感激(かんげき) 등의 명사에 접속하여 '〜해 마지않다, 〜을 금할 수 없다' 등의 의미로도 사용된다.

例文　このような言葉をいただき、感謝の念にたえません。
그와 같은 말씀을 들으니, 감사의 마음을 금할 수 없습니다.
感激にたえない。감격해 마지않다.

80　〜にちがいない

접 속　명사/형용동사 어간 + にちがいない
　　　　동사/형용사 연체형 + にちがいない
의 미　〜에 틀림없다
용 법　〜にちがいない는 어떤 근거에 입각하여, 말하는 사람이 어떤 사항을 강하게
　　　　확신하고 있음을 나타내는 표현이다.

例文　この足跡は犯人のものにちがいありません。
이 발자국은 범인의 것에 틀림없습니다.

あそこにかかっている絵は値段が高いにちがいない。
저기에 걸려있는 그림은 값이 비쌈에 틀림없다.

あんな高級車に乗っているのだから彼は金持ちにちがいない。
저런 고급차를 타고 있으니 그는 부자임에 틀림없다.

学生の憂鬱そうな様子からすると試験は難しかったにちがいない。
학생의 우울한 듯한 모습에서 시험은 어려웠음에 틀림없다.

81　〜について

접 속　명사 + について
의 미　〜에 관하여, 〜에 대하여
용 법　〜については 명사에 붙어 그것을 대상 또는 주제로 하여 기술하는 경우에 사
　　　　용하는 표현이다. '〜에 관한, 〜에 대한'으로 명사를 수식하는 경우에는 〜に
　　　　ついての＋명사의 형태로 사용된다.

例文　当局で事故の原因について究明している。
당국에서 사고 원인에 대해 구명하고 있다.

論文のため農村の生活様式について調べている。
논문 때문에 농촌의 생활양식에 관해 조사하고 있다.

彼女は自分自身について何も語ろうとしなかった。
그녀는 자기 자신에 대해 아무 말도 하려고 하지 않았다.

ことの善悪についての判断ができなくなっている。
일의 선악에 관한 판단이 불가능한 상태이다.

접 속	명사 + に対して
의 미	～에 대해서
용 법	～に対しては ～について와는 달리 어떤 대상이나 그에 대한 행동, 태도 등을 나타내는 경우에 사용된다. ～について와 그 의미가 비슷하다고, 대신 ～に対して를 사용하면, 어색한 경우가 많이 생긴다.

例文 低学年に対しては親切に指導してくれます。
저학년에 대해서는 친절히 지도해 줍니다.

学生の質問に対して何も答えてくれなかった。
학생의 질문에 대해 아무것도 답해주지 않았다.

私の発言に対して野党は猛烈に攻撃を加えてきた。
내 발언에 대해서 야당은 맹렬히 공격을 가해 왔다.

容疑者に対しての取り調べが行われているところだ。
용의자에 대한 조사가 이루어지고 있는 중이다.

82 ～にとって

접 속	명사 + にとって
의 미	～에게 있어서
용 법	～にとっては 대개 사람이나 조직을 나타내는 명사를 받으며, '(그 입장)에서 보면'이라는 의미이다. 이 뒤에는 가능이나 불가능을 나타내는 표현이나 むずかしい, 有(あ)り難(がた)い, 深刻(しんこく)だ 등 평가를 나타내는 표현이 이어진다. 賛成(さんせい), 反対(はんたい), 感謝(かんしゃ)する 등의 태도 표명에 관련된 표현은 오지 않는다.

例文 卒業生にとって就職は深刻な問題だった。
졸업생에게 있어서 취직은 심각한 문제였다.

彼にとってこんな問題は何でもないことです。
그에게 있어서 이런 문제는 아무것도 아닙니다.

病床の私にとって友人の励ましが有り難いものだった。
병상의 나에게 있어서 친구의 격려는 고마운 것이었다.

外国人にとって納豆は食べたくない食べ物の一つでしょう。
외국인에게 있어서 낫토오는 먹고 싶지 않은 음식의 하나일 겁니다.

83

～になる

접 속	① 명사 + になる
	② 형용동사 어간 + になる
의 미	① ～이 되다
	② ～하게 되다
용 법	～になる는 명사에 접속하면 '무엇이 됨'을 나타내며, 형용동사에 접속하면 상태가 변화함을 나타낸다. 형용사는 '어간＋くなる'의 형태가 된다.

例文 順番が回ってきて、ついに私の番になった。
순번이 돌아와, 드디어 내 차례가 되었다.

コンピューターの使い方は、もっと簡単になると思う。
컴퓨터 사용법은, 더욱더 간단해지리라 생각한다.

冬休みに入ると学生も少なくなり、学校は静かになった。
겨울방학에 들어가자 학생도 적어지고, 학교는 조용해졌다.

景気が回復しないと、就職する機会はもっと難しくなるだろう。
경기가 회복되지 않으면, 취직할 기회는 더욱 어려워질 것이다.

～には

접 속	동사 연체형 + には
의 미	～하는 데에는, ～하기 위해서는
용 법	～には는 '～하기 위해서는'과 같이, 말하는 사람의 목적이나 의도를 나타내는 표현으로, ～のに와 의미가 비슷하다. ～のに는 구체적, 일반적인 사항에 모두 사용하지만, ～には는 주로 일반적인 사항에 사용한다.

例文 成績を上げるには努力しかありません。
성적을 올리는 데에는 노력밖에 없습니다.

そこへ行くには地元の案内人が必要です。
거기에 가는데에는 현지의 안내인이 필요합니다.

その遊覧船に乗るには予約を取らなければいけません。
그 유람선을 타기 위해서는 예약을 해야 합니다.

国民に我慢を求めるには、その支持と理解が前提となる。
국민에게 참는 것을 요구하기 위해서는, 그 지지와 이해가 전제가 된다.

85 〜ねば

접 속 | 동사 미연형 + ねば

의 미 | 〜하지 않으면, 〜해야

용 법 | 〜ねば는 부정을 나타내는 조동사 ず의 가정형에 조건·가정을 나타내는 조사 ば가 접속한 형태로, 〜なければ와 같은 의미이며, 문장체적 표현에서 많이 사용한다.

例文 これ以上の自然破壊は防がねばなりません。
이 이상의 자연 파괴는 막지 않으면 안됩니다.

国連は世界の平和のために努力せねばならない。
UN은 세계 평화를 위해 노력하지 않으면 안 된다.

市民が一致団結して問題解決に当らねばならない。
시민이 일치단결하여 문제 해결에 임하지 않으면 안 된다.

政府の権力には力を合わせて立ち向かわねばならない。
정부의 권력에는 힘을 합쳐 맞서지 않으면 안 된다.

86 〜のでは

접 속 | 용언 연체형 + のでは

의 미 | 〜(것)이어서는, 〜해서는

용 법 | 〜のでは는 어떤 상황에 대해 부정적인 태도를 나타내는 경우에 주로 사용한다.

例文 雨なのでは延期するしか仕方がない。
비가 와서는 연기할 수밖에 방법이 없다.

そんなに臆病なのでは、どこにも行けませんよ。
그렇게 겁쟁이여서는, 어디에도 못 갑니다.

こんなに暑いのでは、今日の遠足はたいへんだろうね。
이렇게 더워서는, 오늘 소풍은 힘들 것 같지?

こんなにたくさんの人に見られているのでは緊張してしまうでしょう。
이렇게 많은 사람이 보고 있어서는 긴장하고 말 것입니다.

접속 | 동사 연체형 + のに

의미 | ① ～(하/했)는데 (역접)　② ～하는 데에 (목적)

용법 | ～のに는 뒤에 나오는 사항이, 당연히 예측되는 결과와는 다른 결과가 됨을 나타내는 표현이다. 즉, 인과관계상 서로 상반되거나, 표현이 서로 대비적이거나, 예상과 다른 결과가 오는 경우를 나타낸다. 또한 ～のに는 ～ために와 같이 목적의 의미도 있는데, 이때에는, 주로 使(つか)う, 必要(ひつよう)だ, 不可欠(ふかけつ)だ의 말이 뒤에 이어진다.

例文 雨が降っているのに出かけていった。
비가 내리고 있는데 나갔다.

絶対来ると約束したのに結局来なかった。
절대로 온다고 약속했는데 결국 오지 않았다.

電話するつもりだったのにうっかり忘れてしまった。
전화할 셈이었는데 깜박 잊어버렸다.

地下鉄は通学するのにとても便利だ。
지하철은 통학하는 데에 매우 편리하다.

冷房は日本の夏を過ごすのに不可欠だ。
냉방은 일본의 여름을 나는 데에 불가결하다.

レポートを書くのに時間がかかりました。
레포트를 쓰는 데에 시간이 걸렸습니다.

접속 | 명사(+ 조사) + のみ
동사 연체형 + のみ

의미 | ～만, ～뿐

용법 | ～のみ는 한정을 나타내는 조사로, 문장체적인 무거운 표현에 사용한다. 회화체에서는 だけ, ばかり 등을 사용한다.

例文 貧しい人のみが損をする世の中だ。
가난한 사람만이 손해를 보는 세상이다.

台風の後は石の土台のみが残された。
태풍 뒤에는 돌 토대만이 남았다.

勝つためには、ひたすら努力あるのみだ。
이기기 위해서는, 오직 노력이 있을 뿐이다.

早くしなければと焦るのみで仕事はいっこうに捗らない。
빨리 해야지 하고 안달하는 것만으로 일은 조금도 진척되지 않는다.

의 미 | ～뿐만 아니라

용 법 | ～のみならず는 구나 절을 받아 그것뿐만 아니라 그 외에 다른 것도 있음을 나타내는 표현이다. 격식 차린 문장체적 표현으로 회화체에서는 だけでなく를 사용한다.

例文 戦火で家を焼かれたのみならず、家族も失った。
전화로 집이 타버렸을 뿐만 아니라, 가족도 잃었다.

彼女は聡明であるのみならず容姿端麗でもある。
그녀는 총명할 뿐만 아니라 용모가 수려하기도 하다.

若い人のみならず老人や子供たちにも人気がある。
젊은 사람뿐만 아니라 노인이나 어린이들에게도 인기가 있다.

89 ～ば

접 속 | 동사 가정형 + ば
형용사 어간 + ければ

의 미 | ～하면

용 법 | ～ば는 조건을 나타낼 때 가장 일반적으로 쓰이며, X가 성립하면 반드시 Y가 성립한다는 〈일반조건〉이나, 특정 사항에 있어서, X가 성립하면 Y가 성립함을 나타내는 〈가정조건〉 등을 나타낸다. 가정조건이란 일반조건을 특정한 개별적 사항에 적용시켜 예측의 형태로 나타내는 경우를 말한다.

例文 信じていれば夢はかなうものだ。
믿고 있으면 꿈은 이루어지는 것이다.

お電話くだされば お迎えに上がります。
전화주시면 마중하러 나가겠습니다.

でも正直いえば、本当は行きたくありません。
하지만 솔직히 말해, 실은 가고 싶지 않습니다.

こんなに安ければ、きっとたくさん売れると思う。
이렇게 싸면, 틀림없이 많이 팔리리라 생각한다.

きちんとした説明があれば、私も反対しない。
확실한 설명이 있으면, 나도 반대하지 않겠다.

접 속 | 용언 가정형 + ばよい

의 미 | ~하면 된다, ~하는 것이 좋다

용 법 | ~ばよい는 ~ばいい보다 다소 격식 차린 표현으로, 특정한 좋은 결과를 얻기 위해 어떤 방법이나 수단을 취하는 것이 좋은지 조언하거나, 그것을 요구하는 경우에 사용한다. 그것만 하면 충분하다고 하는 의미가 강하다.

例文 休みたければいつでも休めばいい。
쉬고 싶으면 언제라도 쉬면 된다.

明日は10時までに来てくれればいい。
내일은 10시까지 와 주면 된다.

食べるのを減らして、運動すればよい。
먹는 것을 줄이고, 운동하는 것이 좋다.

資金が足りないのなら、銀行に借りればよい。
자금이 부족하면, 은행에 빌리는 것이 좋다.

90 ～始(はじ)める

접 속 | 동사 연용형 + はじめる

의 미 | ~하기 시작하다

용 법 | ~始める는 동사의 연용형에 접속하여 어떤 동작이나 변화의 시작을 나타낸다.

例文 子供たちは次々と服を着替え始めました。
아이들은 계속해서 옷을 갈아입기 시작했습니다.

日が暮れるとあちこちで明りが灯り始めました。
날이 저물자 여기저기에서 불이 켜지기 시작했습니다.

高校を卒業してすぐに貿易会社で働き始めました。
고등학교를 졸업하고 나서 바로 무역회사에서 일하기 시작했습니다.

私が日本語を習い始めたのは大学に入ってからです。
내가 일본어를 배우기 시작한 것은 대학에 들어오고 나서입니다.

접 속　동사 연체형 + はずだ

의 미　〜할 터이다, 틀림없이 〜할 것이다

용 법　〜はずだ는 말하는 사람의 판단을 나타내는 표현으로, 말하는 사람이 어떤 근거에 입각하여 당연히 그렇다고 생각한 것을 기술하는 경우에 사용한다. 판단의 근거는 논리적으로 이치에 맞는 것이어야 한다. 말하는 사람 자신의 행동에 대해서는 〜はずだ보다는 つもりだ, 予定(よてい)だ, 〜ようと思(おも)う 등을 사용하지만, 무의지적인 경우나 예정된 행동과 다른 경우에는 〜はずだ를 사용한다.

例文　今はにぎやかなこの辺りも、昔は静かだったはずだ。
지금은 번화한 이 주변도, 예전에는 조용했을 것이다

おかしなことに、閉めたはずの金庫の鍵が開いていた。
이상하게도, 잠궜을 터인 금고 열쇠가 열려 있었다.

彼も来るはずだったが、急用ができて来られないそうだ。
그도 틀림없이 올 거였는데, 급한 일이 생겨 못 온단다.

説明書によるとそれでいいはずだなんだけど、おかしいな。
설명서에 의하면 그것으로 될 터인데, 이상한데.

접 속　동사 연용형 + は + する／しない

의 미　〜하기는 하다/하지는 않다

용 법　〜はする/しない는 동사의 연용형에 접속하여, 동사를 강소하여 말할 때 사용한다.

例文　彼はアルバイトに遅れはするが、絶対に休まない。
그는 아르바이트에 늦기는 하지만, 절대로 쉬지 않는다.

酔ってその男をなぐりはしたが、殺してはいない。
취해서 그 남자를 때리기는 했지만, 죽이지는 않았다.

彼女は人前に行きはするが、だれともしゃべらない。
그녀는 사람들 앞에 가기는 하지만, 누구와도 이야기는 하지 않는다.

悪いのは私だから、だれも責めはしない。
나쁜 것은 나니까, 아무도 탓하지는 않는다.

そんなことをしてもだれも喜びはしない。
그런 일을 해도 아무도 기뻐하지는 않는다.

접 속	동사 종지형 + べき 〈する → すべき/するべき〉
의 미	〜해야 한다

용법 　〜べきは〜べし의 활용형으로, 당위를 나타내는 고어(古語)의 조동사가 지금까지 남아 있는 형태이다. 〜べき는 명사를 수식하는 형태나 〜べきだ(〜해야 한다)나, 〜べきか(〜해야 할까?), 〜べきではない(〜해서는 안 된다) 등의 형태로도 많이 사용된다. 그 밖에 종지형에는 〜べし를, 연용형에는 〜べく를 사용하는데, 〜べく는 그 의미가 다양하다.

例文　この仕事はきみがやるべきだ。 이 일은 자네가 해야 한다.

人間は自然に対してもっと謙虚であるべきだ。
인간은 자연에 대해 좀더 겸허해야 한다.

女性は美しくあるべきだという考えには賛成できない。
여자는 아름답게 있어야 한다는 생각에는 찬성할 수 없다.

福祉政策について、議論すべきことは多い。
복지정책에 대해, 논의해야 할 일은 많다.

あんなにひどいことを言うべきではなかった。
그렇게 심한 말을 하는 것이 아니었다.

速やかに解決すべく努力致しました。
신속하게 해결하기 위해 노력했습니다.

접 속	체언 + への + 체언
의 미	〜에 대한

용법 　〜への의 표현은, 방향을 나타내는 조사 へ에 명사를 연결하는 조사 の가 결합한 이중조사의 구문이다. 직역하면 '〜로의', '〜에게로의' 등의 의미지만 어법상 부자연스럽기 때문에 の의 부분을 '〜(에)대한'과 같이 문맥에 맞게 번역하는 것이 자연스럽다.

例文　そこへのバスは夜十時が最後です。
거기에 가는 버스는 밤 10시가 마지막입니다.

学術交流協定によって留学への道が開かれた。
학술교류협정에 따라 유학에의 길이 열렸다.

両国は交渉を通じて軍事協力への可能性を探った。
양국은 교섭을 통해 군사협력에 대한 가능성을 타진했다.

法務省が作っている法案への批判の声が高まっている。
법무성이 만들고 있는 법안에 대한 비판의 소리가 높아져 있다.

접 속	동사 연체형 + ほか(は)ない
의 미	~할 수밖에 없다

용 법　~ほかない는 바람직하지 않지만 달리 방도가 없어 어쩔 수 하는 것을 나타내는 경우에 사용한다.

例文　気は進まないが、上司の命令であるので従うほかない。
마음은 내키지 않지만, 상사의 명령이어서 따를 수밖에 없다.

体力も気力も限界だから、ここで勝負はあきらめるほかない。
체력도 기력도 한계여서, 여기에서 승부는 단념하는 수밖에 없다.

充分な装備を持たずに冬山に登るなど、無謀と言うほかはない。
충분한 장비를 갖지 않고 겨울 산에 오르는 등, 무모하다고 말할 수밖에 없다.

だれも代わりにやってくれる人がいないので、自分でやるほかはない。
아무도 대신해서 해 줄 사람이 없어서, 스스로 할 수밖에 없다.

접 속	5단동사 종지형 + まい
	1단동사 종지형/미연형 + まい
의 미	부정 추측 : ~하지 않을 것이다 (=ないだろう)
	부정 의지 : ~하지 않겠다 (=ないつもりだ)

용 법　~まい는 말하는 사람의 부정 의지나, 추측을 나타내며, 문장체적인 표현이다. ~ますまい의 형태로 사용하는 경우도 있다.

例文　彼女は泣くまいとして歯を食いしばった。
그녀는 울지 말아야지 하며 이를 악물었다.

私は二度と彼女に会うまいと固く決心した。
나는 두 번 다시 그녀와 만나지 않겠다고 굳게 결심했다.

二度と飲みすぎるまいと思うが、ついまた飲みすぎてしまう。
두 번 다시 과음하지 말아야지라고 생각하지만, 그만 또 과음하고 만다.

彼の当選はまず間違いあるまい。
그의 당선은 우선 틀림없을 것이다.

これだけ証人がいるのならまんざら嘘でもあるまい。
이만큼 증인이 있는 거라면 완전히 거짓도 아닐 것 같다.

先生のご依頼ですから、向うも社長もまさかいやとは言いますまい。
선생님의 의뢰이니, 그쪽도 사장도 설마 싫다고는 말하지 않을 겁니다.

97

～までもない

접속	동사 연체형 + までもない
의미	～할 것까지도 없다, ～할 필요도 없다
용법	～までもない는 정도가 가벼워서, 또는 너무나 당연한 일이어서, '～할 필요는 없다', '～하지 않아도 된다' 라고 하는 의미를 나타내는 표현이다.

例文 そのことはいまさら報告するまでもない。
그것은 이제 와서 보고할 것까지도 없다.

その程度の風邪なら、医者に行くまでもない。
그 정도의 감기라면, 의사에게 갈 필요도 없다.

資料は集めたから、これ以上調べるまでもない。
자료는 모았으니, 이 이상 조사할 것까지도 없다.

言うまでもなく、情報はみんな向うが持っている。
말할 필요도 없이, 정보는 모두 그쪽에서 가지고 있다.

～まま

접속	용언 연체형 + まま
	체언 + の + まま
의미	～(한/인) 채, ～(한/인) 대로, ～그대로
용법	～まま는 같은 상태가 변하지 않고 계속됨을 나타내는 표현이다. このまま(이대로), そのまま(그대로)처럼 지시어와도 접속하여 한 단어처럼 사용하며, 회화체에서는 ～まんま의 형태로도 사용한다.

例文 この辺りは昔と変わらず不便なままだ。
이 주변은 옛날과 변함 없이 불편한 채 그대로이다.

テーブルの上は朝出かけた時のままだった。
테이블 위는 아침에 나갔을 때 그대로였다.

靴をはいたまま部屋に入らないでください。
구두를 신은 채로 방에 들어가지 마십시오.

春の風に誘われるままに、公園を散歩した。
봄바람에 이끌리는 대로, 공원을 산책했다.

遠慮なく思ったままを言ってください。
거리낌없이 생각한 것을 그대로 말해 주십시오.

접속	수량사 + も
의미	～이나
용법	～も는 수량이 많거나 정도가 많음을 강조하여 나타낸다. ～も에 붙는 말의 실질적인 수량이나 정도와는 관계없이, 말하는 사람이 그것을 많거나 높은 것으로 인식할 때 사용한다. ～も～ない와 같이 뒤에 부정 표현이 오면, 반대로 수량이 적거나 정도가 낮음을 강조하는 말이 된다.

例文 犯人の行方を探すのに二年もかかった。
범인의 행방을 찾는데 2년이나 걸렸다.

三人でウイスキーを三本も飲みました。
셋이서 위스키를 3병이나 마셨습니다.

お金を稼ぐために工場で十年も働いた。
돈을 벌기 위해 공장에서 10년이나 일했다.

会社にはだれ一人も来ていなかった。
회사에는 누구 하나도 와 있지 안았다.

薬を飲んで一時間も経たないうちに治ってしまった。
약을 먹고 1시간도 되지 않아 나아 버렸다.

접속	동사 연용형 + やすい
의미	～하기 쉽다, ～하기 좋다
용법	～やすい는 동사 연용형에 접속하여, 그 동작이 간단히 될 수 있음을 나타내는 표현이다. ～にくい와 반대되는 의미이다.

例文 錠剤は飲みやすいですが、粉薬は飲みにくいです。
정제는 먹기 쉬운데, 가루약은 먹기 어렵습니다.

横書きは読みやすいですが、縦書きは読みにくいです。
가로쓰기는 읽기 쉬운데, 세로쓰기는 읽기 어렵습니다.

最近のコンピューターはとても使いやすく作られている。
최근의 컴퓨터는 아주 쓰기 쉽게 만들어져 있다.

私は太りやすい体質なので、食べすぎないようにしている。
나는 살찌기 쉬운 체질이라, 과식하지 않도록 하고 있다.

접속 | 동사 미연형(お段) + (よ)う
5단동사 미연형 + う
1단동사 연용형 + よう
くる→こよう
する→しよう

의미 | ① ～하겠다, 하자 (의지, 권유)
② ～할 것이다 (추측)

용법 | ～(よ)う는 의지를 나타내는 동사에 오면 말하는 사람의 행동에 대한 의지를, 의지를 나타내지 않는 상태동사나 가능동사 등에 오면 말하는 사람의 추측을 나타낸다. 의지표현은 상황에 따라서 '제안, 권유, 호소' 등의 의미를 가지며, 정중체로는 ～ましょう를 사용한다. ～(よ)う의 추량표현은 문장체적이며 옛스런 표현으로, 회화체에서는 ～だろう를 사용한다.

例文 飲酒運転は絶対に避けよう。
음주 운전은 절대로 피하자. (권유)

あなたには死んでもらおう。
당신은 죽어 주었으면 좋겠다. (의지)

今夜は飲み明かそうよ。
오늘밤은 밤새도록 마시자. (권유)

足が痛いのか。おぶってやろう。
다리가 아프니? 업어 줄께. (의지)

曜日によっては延長されることもあろう。
요일에 따라서는 연장되는 일도 있을 것이다. (추측)

こんなに貧しい人たちをどうして放っておけようか。
이렇게 가난한 사람들을 어떻게 내버려둘 수 있겠는가? (추측)

접속	동사 미연형(お段) + (よ)うとする
	くる→こようとする
	する→しようとする
의미	〜하려고 하다
용법	〜（よ）うとする는 동작이나 변화가 시작되거나 끝나거나 하는 직전을 나타내거나, 의지적인 행위를 나타내는 동사를 받아 그것을 실현하려고 노력하거나 시도해 봄을 나타내는 표현이다.

例文 時計は正午を知らせようとしている。
시계는 정오를 알리려고 하고 있다.

お風呂に入ろうとするところに、電話がかかってきた。
목욕을 하려고 하는 차에, 전화가 걸려 왔다.

寝ようとすればするほど、目がさえてきてしまった。
자려고 하면 할수록, 정신이 맑아져 왔다.

本人にやろうとする意欲がなければ、いくら言っても無駄だ。
본인에게 하려고 하는 의욕이 없으면, 아무리 말해도 소용없다.

102 〜よう

접속	동사 연체형 + よう(に)
	동사 ない형 + よう(に)
의미	동사 연체형 + よう(に) : 〜하도록
	동사 ない형 + よう(に) : 〜하지 않도록
용법	〜よう는 〜ように에서 に가 생략된 형태로, 어떤 상태나 상황을 성립시키기 위한 목적을 나타낼 때나 듣는 사람에 대한 충고 등을 나타내는 표현이다. 또는 자기나 타인에게 있어 바람직한 일을 기원할 때 사용한다.

例文 家で仕事ができるように家を改築した。
집에서 일을 할 수 있도록 집을 개축했다.

息子が大学に合格できるよう神に祈った。
아들이 대학에 합격할 수 있도록 신에게 빌었다.

後ろの人にも聞こえるように大きな声で話した。
뒷사람에게도 들리도록 큰 소리로 이야기했다.

他社に負けないようにもっと頑張りましょう。
타사에 지지 않도록 좀더 분발합시다.

접 속	동사 연체형 + ようにする
의 미	～하도록 하다
용 법	～ようにする는 어떤 행위나 상황이 성립하도록 노력하거나 배려함을 나타내는 표현으로, 특히 ～ようにしている는 어떤 행동을 습관처럼 하는 경우에 사용한다.

例文 なるべく油ものは食べないようにしている。
되도록 기름기 있는 것은 먹지 않도록 하고 있다.

彼女の機嫌を損ねることは言わないようにした。
그녀의 비위를 상하게 하는 말은 하자 않도록 했다.

できるだけ英会話のテレビを見るようにしている。
가능한 한 영어회화 TV를 보도록 하고 있다.

試験日には目覚まし時計を二台セットして寝坊しないようにする。
시험 날에는 자명종 시계를 2대 세트하여 늦잠 자는 일이 없도록 한다.

■ ■ ■ ■   ～ようになる

접 속	동사 연체형 + ようになる
의 미	～하게 되다
용 법	～ようになる는 불가능한 상태에서 가능한 상태로, 또는 실행되지 않은 상태에서 실행되는 상태로 변화됨을 나타내는 표현이다.

例文 注意したらまじめに勉強するようになった。
주의를 주었더니 성실하게 공부하게 되었다.

研修に行ってきて日本語が話せるようになった。
연수에 다녀와 일본어를 말할 수 있게 되었다.

赤ちゃんがずいぶん活発に動くようになりました。
아이가 아주 활발히 움직이게 되었습니다.

彼と親しくなってあまりけんかしないようになった。
그와 친해져서 그다지 싸움하지 않게 되었다.

접속	동사/형용사 연체형 + ようだ
	형용동사 어간 + の／な + ようだ
	체언 + の + ようだ
의미	〜같다 (①비유 ②예시 ③추량)
활용	형용동사 활용

활용형	형 태	의 미
종지형	〜ようだ	〜과 같다, 〜인 모양이다
연체형	〜ような＋체언	〜과 같은 + 체언
연용형	〜ように	〜과 같이, 〜처럼
중지형	〜ようで	〜과 같고/같아

용법　〜ようだ는 어떤 모습이나 상태를 비유, 예시하여 표현하거나, 추측할 때 사용한다. 〜ようだ의 추측표현은 확실하지는 않지만 주어진 상황과 정보로 상당히 객관적인 근거가 있는 경우에 사용한다. 확실한 사항에 대해서도 이를 단정적이지 않고 완곡하게 표현하는 경우에 〜ようだ를 사용한다.

例文　あの人はこの会社の社員ではないようだ。
저 사람은 이 회사의 사원이 아닌 것 같다.

ざっと見たところ、最低百人は集まっているようだ。
대충 봤더니, 최저 백 명은 모여 있는 것 같다.

あたり一面霧に包まれ、まるで別世界にいるかのようだ。
주변이 온통 안개에 쌓여, 마치 딴 세계에 있는 것 같다.

町はすっかりさびれてしまって、まるで火が消えたようだ。
마을은 완전히 쇠퇴하여, 마치 불이 꺼진 것 같다.

접 속	동사 연체형 + ような
	～과 같은, ～과 같은 그런, ～하는 그러한
용 법	ような에는 비유나 예시 표현이 많고, 추측 표현은 많지 않지만 気(き)がする, 感(かん)じがする 등을 수식하는 형태에서 주로 볼 수 있다. 예시 표현 중에는 ような가 생략 가능한 경우도 있다.

例文

極楽にでもいるかのような 幸 せな気分だ。
극락에라도 있는 것과 같은 행복한 기분이다.

六月が来たばかりなのに真夏のような暑さだ。
6월이 왔을 뿐인데 한여름과 같은 더위다.

これはどこにでもあるようなものではない。
이것은 어디에라도 있는 그런 것이 아니다

風邪を引いたときはみかんのような果物を食べるといい。
감기 들었을 때는 귤과 같은 과일을 먹는 게 좋다.

もう他に方法がないような気がする。
이젠 달리 방법이 없는 듯한 기분이 든다.

何となく不吉なことが起こるような予感がする。
어쩐지 불길한 일이 일어날 것 같은 예감이 든다.

접 속	동사 연체형 + ように
의 미	～과 같이, ～처럼
용 법	～ように는 비유나 예시 표현으로 많이 사용되며, 추측 표현은 思(おも)う, 見(み)える, 感(かん)じる 등의 동사를 수식하는 표현에서 볼 수 있다.

例文

彼女の 心 は 氷 のように冷たい。
그녀의 마음은 얼음과 같이 차갑다.

彼は何も知らなかったかのように振る舞っていた。
그는 아무것도 몰랐던 것 같이 행동하고 있다.

私 が発音するようにあとについて言ってください。
내가 발음하는 것처럼 뒤를 따라 말해 주십시오.

母親が美人だったように、 娘 たちもみな美人ぞろいだ。
모친이 미인이었던 것처럼, 딸들도 모두 미인들이다.

あの二人はとても仲がいいように見える。
저 두 사람은 매우 사이가 좋은 것처럼 보인다.

その日の彼は様子がいつもと違うように感じた。
그 날의 그는 모습이 평상시와 다른 것처럼 느꼈다.

접속	명사 + をよぎなくされる
의미	어쩔 수 없이 〜하게 되다
용법	〜を余儀なくされる는 동작을 나타내는 명사에 붙는다.

例文　長時間の交渉の結果、妥協を余儀なくされた。
장시간의 교섭 결과, 타협을 할 수밖에 없게 되었다.

火事で住まいが焼けたため、家探しを余儀なくされた。
화재로 살던 곳이 탔기 때문에, 어쩔 수 없이 집을 찾게 되었다.

これ以上の争いを避けるために全員が協力を余儀なくされた。
더 이상의 싸움을 피하기 위해 전원이 협력하지 않을 수 없게 되었다.

事業を拡張したが、売り上げの不振のため、撤退を余儀なくされた。
사업을 확장했지만, 매상부진으로, 어쩔 수 없이 철수하게 되었다.

접속	동사 미연형 + (ら)れる
의미	수동·가능·존경·자발
용법	〜(ら)れる는 수동의 의미로 사용되는 경우가 많으며, 가능의 의미로는 1단동사에서 주로 사용된다. 5단동사에는 가능형이 따로 있으며 존경의 의미로는 다른 형태가 많아 한정적으로 사용된다. 자발의 의미도 몇몇 동사에서만 사용된다.

例文　会場は割れるような拍手の渦につつまれた。
회장은 떠나갈 듯한 박수 소용돌이에 휩싸였다. (수동)

ちょっと期待を裏切られたような気がする。
다소 기대를 배반당한 듯한 기분이 든다. (수동)

大きすぎて穴から出られなくなった。
너무 커서 구멍에서 나올 수 없게 되었다. (가능)

この動物園では無料でイルカのショーが見られる。
이 동물원에서는 무료로 돌고래 쇼를 볼 수 있다. (가능)

今度の夏休みには中国へ行かれるんですか。
이번 여름 방학에는 중국에 가시는 겁니까? (존경)

しばらくしたら社長は戻って来られると思います。
조금 있으면 사장님은 돌아오시리라 생각합니다. (존경)

故郷に来たら、幼いころが思い出されますね。
고향에 오니, 어릴 때가 생각나는군요. (자발)

大学は冬休みに入ったかのように感じられます。
대학은 겨울방학에 들어간 것 같이 느껴집니다. (자발)

접 속　｜　용언 연체형 ＋ わりに
　　　　｜　명사 ＋ の ＋ わりに

의 미　｜　〜것치고는, 〜것에 비해서는

용 법　｜　〜割りに는 어떤 상황이 예상하던 것과는 달리, 의외로 좋거나 나쁠 때 쓰는
　　　　｜　표현이다.

例文　あの人は痩せている割に力はある。
　　　그 사람은 말라 있는 것치고는 힘은 있다.

　　　この椅子は値段が高い割には、座りにくい。
　　　이 의자는 값이 비싼 것치고는, 앉기 어렵다.

　　　あのレストランは値段の割においしい料理を出す。
　　　그 레스토랑은 값에 비해서는 맛있는 요리를 내놓는다.

　　　あまり勉強しなかった割には、成績はまあまあだった。
　　　그다지 공부하지 않은 것치고는, 성적은 보통 정도였다.

접 속　｜　명사 ＋ をはじめ(として)

의 미　｜　〜을 비롯하여

용 법　｜　〜をはじめ는 열거하고 싶은 것 중에서 가장 대표적이고 중심적인 것을 첫머
　　　　｜　리에 제시하여 나타낼 때 사용한다. 〜をはじめとして의 형태로도 사용한다.

例文　式場には、両親をはじめ、親戚、友人など多くの人が来てくれた。
　　　식장에는 부모를 비롯하여, 친척, 친구 등 많은 사람이 와 주었다.

　　　彼の葬儀には、友人知人をはじめ、面識のない人までが参列した。
　　　그의 장례식에는, 우인지인을 비롯하여, 낯선 사람까지 참석했다.

　　　伝統芸能としては、歌舞伎をはじめ、茶の湯、生け花などが挙げら
　　　れる。
　　　전통예능으로서는, 가부키를 비롯하여, 다도, 꽃꽂이 등을 들 수 있다.

접속 | 조사 + を + も
의미 | ～도
용법 | 조사 は, が, を에 첨가를 나타내는 조사 も가 접속할 때는 문장체인 경우에 は, が, を가 생략되고 も만 남는 것이 일반적이나, 문장체인 경우에 をも의 형태로 사용되는 경우도 있다.

例文　おぼれる者は藁をもつかむという心境であたりました。
물에 빠진 자는 지푸라기라도 잡는다라는 심경으로 임했습니다.

隊員たちは捕虜を救出するために、自分の命をも捨てる覚悟だった。
대원들은 포로를 구출하기 위해, 자신의 목숨도 버릴 각오였다.

急に、いなずまがひらめき、天をも引きさくような雷鳴がとどろいた。
갑자기, 번개가 번쩍이고, 하늘도 찢을 듯한 뇌명이 울려 퍼졌다.

彼は、自分の地位や名誉を守るためには、どんな犠牲をもはらう男だ。
그는 자신의 지위나 명예를 지키기 위해서는, 어떤 희생도 치를 남자다.

1. 재판에 새로운 숨결을

「시간과 돈이 들고, 절차도 번거롭다」라고 오랜 동안 비판받아 온 재판이 크게 바뀌려고 하고 있다.

민사재판의 룰을 전면적으로 재검토한 새 민사소송법이 이번 달부터 시행되었다. 70년만의 개혁이다.

가깝고 이용하기 쉬운 재판으로 하기 위해 새 법에 포함된 새로운 결정이나 연구는 여러 갈래에 걸쳐 있다.

예를 들면, 30만 엔 이하의 금전을 둘러싼 분쟁에 관해서, 심리를 한번으로 끝내고, 당일 판결을 내는 「소액소송절차」가 도입되었다. 법원이 제출을 명할 수 있는 문서의 범위를 넓히는 등 해서, 증거를 모으기 쉽게 했다. 텔레비전 회의의 구조를 이용하여 원격지의 증인 조사도 가능하게 되었다.

쟁점을 정리하는 방법을 3가지 준비하여, 사건의 내용이나 성질에 따라 나누어 사용할 수 있도록 한 것도, 이번 개혁의 큰 기둥의 하나다. 쟁점이 빠른 단계에서 명확해지면 집중적으로 증인으로부터 이야기를 들어, 판결도 빨리 내릴 수 있다.

이러한 절차를 활용하면서 법원이 리더쉽을 발휘하여 신속한 재판을 실현하는 것은 당연한 일이다.

그러나 말할 필요도 없지만, 쌍방의 의견을 충분히 듣지 않은 채, 쟁점의 일부를 잘라버리거나 증인의 수나 심문 시간을 일부러 제한하거나 하면, 당사자에게는 「판사는 주장을 들어주지 않았다」라는 불만이 남을 것임에 틀림없다.

더구나 새 법에서는 대법원이 중요한 법률 사건에 전념할 수 있도록 지금까지 사실상 프리 패스였던 상고가 제한된다. 설득력이 없는 판결은 재판의 신뢰를 해치고 오히려 사법 이탈을 초래하게 될 지도 모른다.

당사자에 대한 작은 배려나 주장에 귀를 기울이는 마음의 여유 등, 판결에 미치는 지휘 운영의 능력이 지금까지 이상으로 요구되는 것을 판사는 명심해야 한다. 「자신의 전인격이 시험받고 있다」는 자각을 가지고 심리에 임했으면 한다.

그런 의미에서도 법원은 인재 육성에 한층 힘을 쏟을 필요가 있다. 최근 판사의 사회성 결여나 인간적인 여유의 협소함을 걱정하는 소리는 내부에서도 자주 들린다. 정말로 그런 것인가? 그렇다면 어디에 문제가 있는 것인가? 사법 시험이나 수습, 채용의 전반적인 모습에까지 거슬러 올라가 점검해야 한다.

한편, 변호사의 책임도 중대하다. 지금까지는 한두 달에 한 번, 단속적으로 열리는 구두변론에 출석하여, 상대방과 서면을 주고받는 것이 재판의 기본형이었다.

그런데 앞으로는 사전에 준비를 거듭하여 전체상을 파악한 뒤에, 쟁점에 입각한 싸움을 하지 않으면 안 된다. 지나치게 늦는 증거 제출은 인정받을 수 없고, 상대방의 증거 수집에도 성의를 갖고 응할 필요가 있다. 부담은 꽤 무거워질 것이다.

많은 변호사는「재판이 늦는 것은 판사의 수가 적기 때문이다」라고 비판해 왔다. 판사의 증원은 필요하다. 그러나 변호사가 새 법의 내용을 이해하고, 심리의 신속화에 적극적으로 임하지 않으면, 판사의 인원수를 그저 늘려도 사태는 개선되지 않는다. 변호사의 의식 개혁이 요구되어지고 있는 것이다.

법률이 새로워져도, 그에 맞는 실무가 뿌리를 내리지 않고, 재판을 멀리하는 풍조가 계속되면, 해결사나 폭력단의 개입은 없어지지 않을 것이다. 결과적으로 피해를 입는 것은 일반 시민이 된다.

방대한 노력을 들여서 일신한 민사 재판의 절차가 정말로 이용자를 위한 것이 될지 어떨지. 새로운 생명을 불어넣는 것은 법률가의 책무이다.

2. 역시 금융의 분리가 필요하다

성청(성부부처) 재편으로 남겨진 내장성의 재정과 금융의 분리가 최종 단계를 맞이하고 있다.

원래 재작년 연말의 자민, 사민, 사키가케의 여당 3당 합의에서는「재정과 금융의 분리를 명확히 한다」고 되어 있었다.

사키가케는「완전분리」의 주장이 받아들여지지 않으면 여당 이탈도 불사할 태세다. 그렇게 되면 여당의 틀이 무너진다. 그러나 대장성 개혁은 당면한 정국을 초월한 중요한 문제를 내포하고 있다.

우리들은 행정 개혁을 알맹이를 빼지 않고 금융 개혁(빅뱅)을 이루기 위해서는 재정을 담당하는 대장성부터, 적어도 국내 금융에 관계하는 부문을 분리하지 않으면 안 된다고 생각한다.

그런데 山一증권과 北海道 탁식은행의 경영 파탄을 계기로 자민당 내에서「성급한 분리는 당면한 금융 불안에 박차를 가한다」고 하여, 재정과 금융의 분리에 반대하는 의견이 강해지고 있다.

예를 들면, 이런 목소리가 있다.

금융기관의 파탄 처리에는 공적자금이 필요하다. 그것을 원활하게 투입하기 위해서는 재정을 부담하는 대장성에 금융 행정도 일원적으로 담당하게 하는 편이 기동적으로 대응할 수 있다.

이 문제는 21세기의 이 나라의 행정 조직은 어떤 식으로 존재해야 하는가라는 시점에서 생각해야 한다. 눈앞의 금융 불안에 떨어 중장기적인 정책을 왜곡해서는 안 된다. 또한, 당면한 금융파탄 처리를 공정하게 진행시키는 데 있어서도 재정과 금융의 분리가 바람직하다.

새로이 설립되는 금융감독청은 평상시부터 개별 금융기관을 감시한다. 그리고 문제가 발생하면 일정한 기준으로 업무를 제한하는 「조기시정조치」를 발동한다.

경영이 파탄한 경우에는 예금보험기구가 나서서 예금자의 보호에 임한다. 예측 불허의 사태가 일어나 자금 조달이 곤란하면 일본은행이 융통하면 된다.

예금보험기구의 자금이 바닥을 드러내 공적 자금이 필요하게 되면, 감독청이나 일본은행이 재정을 담당하는 대장성에 요청하여 재정자금(세금)을 투입한다. 예산 조치가 필요하게 되므로 국회의 심의를 거쳐 결정된다.

공적자금을 빠뜨릴 수 없기 때문이라 하여, 금융과 재정을 같은 관공서가 담당하여 세금 투입이 안이하게 결정되서는 곤란하다. 반대로, 당면한 재정부담을 적게 꾸며 보이기 위해 정부보험이나 재정투자융자라고 하는 수단으로 치달으면, 재정의 규율을 잃어버릴지도 모른다.

금융 당국과 재정 당국을 분리하여, 서로 견제하는 구조로 하면, 국민의 눈에 드러나, 정치의 부당한 개입도 막을 수 있다. 나아가, 공적 자금의 투입에 의지하지 않을 수 없게 된 금융기관의 경영 책임이나 행정의 감독책임도 묻기 쉬워진다.

거품 경제나 주택금융 전문회사(주전)의 파탄 처리의 쓴 경험에서 좀더 배워야 한다. 엔고 불황 후의 내수 확대책으로서 저금리정책에 지나치게 의존하지 않았다면 거품 경제의 상처는 더욱 가볍게 처리되었을 것이다. 주전 문제를 일으킨 금융계와 행정의 책임을 물어 부실 채권을 공정하게 처리했더라면, 세금 투입은 피할 수 있었을 것이다.

눈앞의 계산을 우선하여 주전의 경영 실패의 책임을 재정으로 돌린다. 재정 규율은 상실되고 일본의 금융 시장은 세계에서 뒤처지게 되었다. 그런 석연치 않은 행정이 버젓이 통용된 것은 이해가 상반되는 재정과 금융을 대장성이 일원적으로 담당하고 있기 때문이다.

행정 개혁은 물론, 빅뱅을 원활히 진행시키기 위해서도, 대장성 개혁에 의한 금융 행정의 분리는 불가결하다. 그것이 국제적인 흐름이기도 하다.

자민당은 사키가케의 주장을 받아들여 삼당 합의를 지켜야 한다.

3. 새 대통령의 두 가지 도전

한국 제 15대 대통령에 김대중 씨가 취임했다. 여야당의 정권 교체가 민주적인 직접선거로 실현됐다.

「민주주의와 경제를 동시에 발전시킬 정부가 처음으로 탄생했다. 진정한 「국민의 정부」이다」. 김대중 씨는 취임 연설에서 선언했다.

그 앞길에는 두 개의 커다란 과제가 가로놓여 있다. 하나는, 이 나라가 이전에 경험한 적이 없는 경제 위기의 극복이고, 또 하나는 과거의 어느 대통령도 실현하지 못한 남북의 화해와 협력의 촉진이다. 새 대통령의 도전이 시작된다.

재건에 필요한 국민의 이해

김대중 씨는 당선이 결정된 후, 국제통화기금(IMF)과의 합의를 존중한다고 표명했다. 경제위기는 한국 정부와 일본, 미국, 유럽의 은행단이 단기채무의 순연으로 합의함에 따라 한숨 돌린 형태다.

정권 인계 과정에서 4대 재벌의 회장으로부터 재벌 개혁의 기본 합의를 얻어내고 있다. 노조와의 대화를 통하여 경영상의 이유로 해고할 수 있는 「정리해고제」가 도입되었다. 부처를 통합 · 삭감하여 「작은 정부」를 지향하는 행정개혁안도 국회를 통과했다.

김대중 씨는 취임 연설에서 「노사, 정부의 대타협으로 국난 극복의 기초는 구축되었다」고 말했다. 그렇지만 한국 경제의 본격적인 재건은 지금부터이다.

IMF와의 힙의를 실행하면 대량의 실업자가 생기는 것은 피할 수 없다. 망하는 기업도 나온다. 물가는 상승하고, 수입은 줄어 사람들의 생활은 괴로워질 것이다.

대통령은 이런 사태를 솔직히 인정한 후에, 경영자, 노동자, 그리고 서민에게 「고통을 함께 나누자」고 호소했다. 국민에게 인내를 요구하는 데에는 그 지지와 이해가 전제가 된다.

「정치 보복은 하지 않겠다」라는 약속을 한 김대중 씨는, 자신의 초상을 학교나 관청에 거는 것을 중지시키고, TV를 통해 국민과의 대화를 계속할 방침을 내놓았다.

권위주의에 빠져 국민과 거리가 생겨 버린 김영삼 전 정권의 실패를 되풀이하지 않고, 민주적인 정치를 할 수 있을지 어떨지, 새 대통령의 진가가 물어지는 것은 이제부터이다.

조선민주주의 인민공화국(북조선)에 대해서는 「남북의 화해, 불가침, 교류를 정한 1991년의 남북기본합의서를 실행하자」고 호소하고, 특사의 교환이나 수뇌회담을 제창했다.

전환하는 대북한 정책

이것은 북한 정책의 큰 전환이다.

전 정권은 기회가 있으면 북한 정권을 전복하고 흡수합병하려고 하는 인상을 주어 왔다 라고 김대중 씨는 말한다. 김대중 씨는「북풍이 아니라, 따뜻한 햇볕을 쏟아야 한다」라고 주장해 왔는데, 취임 연설에서 그것을 구체화시켰다.

북한의 김용순 서기(최고인민회의 통일정책위원장)는 최근,「민족 자주와 대단결의 원칙에 의거하여 조국 통일의 길을 진심으로 바란다면, 남조선의 누구하고도 대화와 협의를 할 용의가 있다」고 말해 전향적인 반응을 보이고 있다.

남북의 대화와 협조를 지향하는 새 대통령의 노선을 평가하고, 환영하고 싶다. 한반도의 평화와 안정의 기초는 무엇보다도 남북의 긴장 완화에 있기 때문이다.

나아가 김대중 정권은 남북에 더하여 미중일러의 6개국에 의한 공동선언구상을 내놓았다. 북한은 반대하고 있지만 중국은 전향적인 반응을 나타냈다고 한다. 이 구상도 지지하고 싶다. 북동아시아의 평화의 틀은 중층적인 편이 좋다.

「북일관계는 남북관계보다 앞으로 나가지 마라」라고 계속 브레이크를 걸었던 김영삼 정권과는 대조적으로, 일본이나 미국이 북한과 교류 협력을 추진하는 일에「지원」을 표명했다.

북한에 의한 납치 의혹이 해소되지 않은 일도 있고, 북일의 정상화교섭은 답보상태에 있다. 새로운 대북정책이 나온 것을 기회로 일본의 대북한 외교도 적극책으로 전환해야 하는 것은 아닐까?

역사 인식이나 영토문제 등, 쉽게는 풀리기 어려운 문제를 안은 일한관계의 개선은 그를 위해서도 급무이다.

어업협정의 종료 통고에 의해 일한간에는, 또하나, 응어리가 생겨버렸다. 일한수뇌끼리 회담하여 사태의 타개를 꾀할 때이다.

4. 에너지절약법으로 온난화를 방지할 수 있을까

지구 온난화 방지 법률 제정을 둘러싸고, 통산성과 환경청이 또다시 충돌하고 있다.

통산성은 공장이나 전기제품, 차의 에너지 소비를 줄이려고 이번 국회에 에너지절약법의 개정안을 제출하려고 하고 있다. 한편, 환경청은 이산화탄소(CO_2)뿐만 아니라, 대체프론 등도 포함하여 온난화대책 추진법을 만들어야 한다고 주장하고 있다.

대립을 험악하게 하고 있는 것은 에너지 절약법과 같은 공장에 대한 규제가 환경청의 대책 추진 법안의 기둥이 되어 있기 때문이다.

공장으로부터의 CO_2 배출량은 전체의 40%를 차지한다. 환경청이 우선 공장에 목표를 정한 것은 당연하다고 할 수 있다. 그렇지만 두 가지의 법률로 공장을 이중으로 규제하는 것은, 그다지 의미가 없을 것이다.

환경청이 지혜를 짜야 하는 것은 탄소세의 도입을 비롯하여, 교통 체계나 도시구조의 변혁을 진척시키는 포괄적인 법률일 것이다. 그 법률 하에서, 에너지 절약법 등 기존의 법률을 활용하거나 개별 분야에서 새로운 입법화를 꾀하거나 하는 편이 효율적이다.

생활이나 생산 활동에 따라 발생하는 CO_2를 줄이는 데에는, 여러 가지 방책을 폭넓게 짜맞출 필요가 있다.

그렇지만, 정부가 온난화 방지의 비책인 양 선전한 것 치고는, 이번 에너지 절약법 개정안은 내용이 지극히 불충분하다.

우선, 법률의 목적에 온난화 방지라고 하는 문언을 넣는 것을 잊고 있다.

에너지절약법은 자원을 절약하여 에너지를 가능한 한 유효하게 사용하는 것이 목적이다. 분명 에너지 사용을 줄이면 CO_2는 감소한다. 그러나, 온난화 방지를 직접의 목적으로 하고 있지 않기 때문에 현행 규정 대로는 CO_2의 배출을 억제하는 것에는 한계가 있다.

동시에, 소관 관청으로서 환경청도 가세하여 공동 관리로 하는 것이 필요하다. 공장이나 제품에 어디까지 에너지 절약을 요구하는가는, 산업 정책의 시점에서 보는가, 환경을 지키는 시점에서 판단하는가로 크게 다르기 때문이다.

예를 들면, 개정안에서는 전기제품이나 자동차의 에너지 절약 기준을 에너지효율이 가장 좋은 제품에 맞춘다고 하는 「톱런너 방식」이 제안되고 있다.

그렇지만 톱런너를 따라 잡을 유예 기간을 어느 정도로 할까? 가솔린차와 하이브리드차를 같은 테두리 내에서 경쟁시킬 것인가? 한마디로 같은 방식의 도입이라고 해도, 산업 정책과 환경 보전의 어느 쪽에 중점을 둘 지에 따라 에너지 절약의 효과는 매우 달라진다.

또하나, 개정안이 잊어버리고 있는 것은 정보를 공개하면서 폭넓게 온난화 대책을 추진해 가려는 발상이다.

개정안에서 정부는 매년 공장마다 에너지 절약 계획을 제출하도록 되어 있다. 통산성은 「정부에 약속하는 것으로 실행을 촉구한다」라고 하여, 「기업비밀이 포함되어 있어서 내용은 공표할 수 없다」고 하고 있다.

이것으로는 에너지 절약 계획이 타당한지, 어떤 식으로 실행되고 있는지를 외부로부터는 전혀 알 수 없다.

모처럼의 에너지 절약 계획을 온난화방지로 활용하는 데에는, 공표하는 것이 가장 빠른 길이다. 각지의 공장 CO_2 배출량과 삭감 계획이 주변 주민의 눈에 드러나면, 기업은 CO_2 삭감에 본격적으로 착수하지 않을 수 없게 될 것이다. 온난화 방지에 대한 주민의 관심도 높아진다.

정부가 진정으로 에너지 절약법을 온난화 방지에 사용할 생각이라면, 어설픈 개정이 아니라 뼈대부터 다시 만들어야 한다.

만약 개정안이 이대로 국회를 통과하는 그런 일이 있으면, 환경청의 온난화대책 추진법으로, 다시 한번 공장이나 전기제품에 망을 치는 일을 생각해야 할 것이다.

5. 무력행사로 이어지지 않도록

UN의 평화유지활동(PKO)이나 국제적인 인도구원활동의 일익을 자위대가 담당하게 된 지 6년이 지났다.

자위를 위하는 것 이외에 무력을 사용하지 않고 국제 사회의 뜻을 잘 지켜 분쟁의 재발 방지나 평화 유지에 임하는 PKO와 해외의 난민구원이나 의료, 재해 원조에 임하는 활동은 평화 헌법을 갖는 이 나라에 있어서, 가장 어울리는 국제 협력의 하나이다.

해외에서의 무력 행사를 금한 헌법 하에서 최대한의 실적을 올리는 것이야말로, 일본에 요구되고 있는 것일 것이다.

캄보디아에서 고란고원까지, 많은 시련과 곡절을 겪어 온 활동을 뒤돌아보고, 보다 실효성이 있는 국민의 지지를 얻을 수 있는 것으로 바꿔가지 않으면 안 된다.

국회에 제출된 PKO 협력법 개정안은 이 과제에 부응하고 있는 것일까? 개정할 점 중에서 가장 신중하고 성의 있는 논의가 필요한 것이 무기 사용의 변경이다.

현행법은 안전유지를 위한 소형 무기의 휴대를 인정한 다음에 「자기 또는 자기와 함께 현장에 소재하는 다른 대원의 생명 또는 신체를 방어하기 위해, 어쩔 수 없이 필요하다고 인정되는 상당한 이유가 있는 경우에, 그 사태에 따라 합리적으로 필요하다고 판단되는 한도에서」 무기의 사용을 용인하고 있다.

「급박하고 정당하지 못한 침해」로부터 몸을 지키기 위해서만, 대원 각자의 판단에 의한 정당 방위를 인정한 것이다.

개정안은 현장에 상관이 있을 때는 원칙적으로 상관의 명령에 의해서 무기를 사용하는 것으로 고치려고 하는 것이다. 「급박하고 정당하지 못한 침해」의 판단을 현장의 지휘관이 행하고, 그 명령으로 부하는 발포한다.

PKO를 체험한 대원 사이에 판단이 개인에게 맡겨져 있는 것이 심리적으로 부담이 되었다는 목소리가 많다. 「통제가 부족한 무기 사용에 의해, 오히려 위험과 혼란을 초래할 지도 모른다」라는 정부의 설명에도 일면의 설득력은 있다.

다만, 아무리 현장의 강력한 요청으로부터 라고 해도, 상관의 명령에 의해서 조직적으로 무기가 사용되게 되면, 헌법이 금하는 무력 행사에 보다 근접하게 된다. 거기에서 판단의 잘못은 PKO의 목적뿐만 아니라 일본의 국익도 손상할 지 모른다.

파견 장소, 임무, 휴대하는 무기의 결정 등을 포함하여 그러한 염려를 최대한 씻어내는 노력이 불가결하다.

그와 함께 중요한 것은, 자위대, 특히 현장의 지휘관과 대원이 PKO란 무엇인가를 철저하게 이해할 수 있는 그런 교육, 훈련을 강화하는 것이다. 문제는 결국, 지휘관이나 개개의 대원이 순간적인 상황에서 적정한 판단을 할 수 있을지 어떨지에 달려있기 때문이다.

PKO나 인도적인 구원 활동의 무대가 되는 것은 치안이 흐트러지고 위험과 이웃하고 있는 장소이다. 군사적인 지식이나 경험 이상으로, 정치적인 배려를 할 수 있는 능력이나 파견된 나라, 지역에 대한 고도의 이해가 요구된다.

그것은 국토 방위를 목적으로 하는 자위대의 일상적인 훈련과는 이질적인 것이다. 1973년 제 4차 중동 전쟁이 한창인 때에, 핀란드의 PKO부대가 UN 검문소를 파괴하려고 한 이스라엘군에 대해, 총을 놓고 인간의 벽을 만들어 저항한 일화를 새삼 상기했으면 한다.

개정안에는 UN 기관의 인도적 활동에는 정전 합의가 없어도 물자 협력이 가능하도록 할 것, 유럽안보협력기구와 같은 UN이외의 기관하의 선거 감시 활동에 참가의 길을 여는 것이 포함되었다.

일본의 활동 영역을 넓히려고 한다면, 헌법이나 PKO 원칙에 입각한 엄밀한 운용이 무엇보다 중요한 전제가 된다.

6. 빅뱅
- 금융 서비스법을 서둘러라

일본판 「금융 빅뱅」이 오늘부터 시작되는 외환거래 자유화로 크게 움직이기 시작한다.

이미 달러 지불도 OK라고 하는 레스토랑이나 외화에 대한 환전을 하려고 하는 카메라점이 나타났다. 높은 금리의 예금류를 갖춘 외국 은행에 발길을 옮기는 사람도 증가할 것이다.

일본의 은행이나 증권, 보험회사는 대장성의 비호 하에, 서로 비슷한 서비스밖에 해 오지 않았다. 그런 금융 기관과 거래해 올 수 밖에 없었던 투자가에 있어서 선택의 폭이 크게 확대된다.

국민이 모은 금융자산은 1,200조 엔에 달하고 있지만, 그 운용 수단이 묶여 있어서는 보물을 썩히고 있는 것이다. 새 얼굴이 가세한 금융세계에서 국경을 초월한 경쟁이 시작되는 것은 환영해도 좋다.

그렇지만 빛에는 그림자가 동반된다.

높은 이율이나 돈 버는 이야기를 내세운 수상한 업자가 금융 자유화의 기수와 같은 얼굴로 가까이 다가올 지도 모른다.

자유화나 규제 완화로 관청의 간섭을 줄이는 것은, 한사람 한사람에게 「자기책임」이 요구되는 일이기도 하다. 그렇다고 해서 빅뱅이 무질서한 약육강식의 세계를 가져오는 것이어서는 안 된다.

자유화에 맞추어, 시장의 이용자, 그 중에서도 충분한 정보를 얻기 어려운 소액 투자가가 불리한 입장에 내몰리지 않기 위한 수단을 강구하는 일이다.

영국에서는, 12년 전의 증권 분야에서의 과감한 자유화와 동시에, 금융서비스법이 만들어졌다. 그 법률은 소비자 보호의 정신에 서서, 사기상법이나 오해를 초래하는 상품 설명 등을 엄격히 금하고 있다.

일본에서도 서둘러 같은 법률을 만들어야 한다. 금융 상품을 취급하는 업자에 대해서 중요한 정보는 스스로에게 불리한 것이라도 숨기지 않는 것을 의무사항으로 할 필요가 있다.

이미 은행이나 보험업계는 버블 붕괴로 손해를 떠안은 투자가로부터 많은 소송이 제기되고 있다.

은행이 고객에게 토지를 담보로 해서 거액의 보험료를 빌려주고 보험회사는 주식 시세에 연동한 보험을 팔았다. 이 때에 충분한 설명이 있었는지 어떤지가 쟁점이다.

증권업계도 주가 하락으로 가치를 잃은 신주 인수권 판매를 둘러싸고, 투자가로부터 재소당하고 있다.

증권 거래에서는 위험한 투자에 적합하지 않은 사람들에게는 거래를 권하지 않는다고 하는 「적합성의 원칙」을 지키게 되어 있다. 그러나 트러블이 뒤를 끊이지 않는다.

일본판 금융 서비스법은 이러한 원칙을 금융 거래 전체로 확대한 후에, 철저하게 하는 것이어야 한다.

예를 들면, 투자 정보를 충분히 제공받지 않았기 때문에 '손해를 입은 투자가에게는 해약이나 손해 배상을 요구할 길이 열린다' 라는 내용을 포함시켰으면 한다.

이러한 법률이 생기면 감시역의 역할도 무거워진다.

머지않아 발족하는 금융감독청이 거느리는 직원은 증권 거래 등 감시위원회를 포함해도 400명 정도다. 미국은, 증권거래위원회(SEC)만으로도 약 3,000명, 연방이나 주 레벨도 합치면 10,000명을 넘는 진용으로, 금융 거래에 눈을 번뜩이고 있다. 영국에서도 2,000명 정도가 감시에 임한다.

정부는 규제 완화 추진 3개년 계획을 정했다. 규제 완화로 인허가가 줄면, 그에 종사하는 공무원이 필요없게 된다. 그 일부를 시장의 감시역으로 돌리는 것은 어떨까?

7. 근로자의 날
— 재량노동은 장미빛인가

오늘 근로자의 날 집회에 참가하기 위해, 무단으로 쉬고 저녁이 되어 직장에 태연하게 얼굴을 내밀 수 있을까?

일하는 시간이나 일의 방법이 개인에게 맡겨지는 재량노동이라면 그것도 가능할 것이다.

중의원에서 노동기준법 개정안 심의가 시작되었다. 개정안에는 일하는 환경이 변모하는 내용이 포함되어 있다. 재량노동을 화이트컬러로 확대하는 것이 그 하나이다.

시간을 보다 유효하게 사용하고 싶다고 생각하는 사람은 환영하고 싶은 제도일지도 모른다. 그렇지만 일이 그다지 간단하지는 않다.

개정안에서는 일정 요건을 채우면 어느 기업도 재량노동의 틀을 확대할 수 있다.

이 제노는 일한 시간이 아니라 싱과에 대해서 임금을 지불한디고 히는 생각이다. 이때문에, 회사측이 과다한 일의 양을 요구하면 실질적인 서비스 잔업을 할 수밖에 없게 되어 일하는 사람이 불이익을 받는다.

각 노동단체는 오랜 기간에 걸쳐 쌓아 온 8시간 노동이 붕괴될지도 모른다는 등의 이유에서, 그 확대에 반대하고 있다. 올 근로자의 날에는 이를 포함하는 노동기준법 개정 반대가 주제이다.

재량노동은 지금, 디자이너나 딜렉터 등 11가지 업무에 인정되고 있다. 시간배분 등을 상사가 지시하는 것이 어렵고 일의 방법도 개인에게 맡겨질 필요가 있다는 이유에서이다.

개정안에서 확대되는 대상은 본사 등 중추 부문에서의 기획, 입안, 조사, 분석의 일을 하는 사람이다. 그렇지만 기획, 입안이라고 해도 기업이나 직장에 따라 내용은 여러 가지이다. 실제로 도입하는 기업에서 사원 한사람 한사람의 일에 대해서, 그것이 재량노동에 어울릴지 어떨지의 검토가 필요하다.

개정안에서는 주요 사업소마다 새로이 설치할 노사위원회가 그 작업에 임하게 되어 있다. 위원의 반수는 종업원의 과반수를 대표하는 사람으로 위원회의 결정에는 전회 일치를 요구하고 있다.

언뜻 보기에 공정한 운용이 될 것 같지만 안심은 할 수 없다. 예를 들면, 노동 조합이 없는 회사에서 노사협정을 맺는 경우, 「종업원을 대표해야」할 사람이, 실제는 회사측의 노무담당자였거나 하는 케이스가 있기 때문이다.

노사위원회의 일은 무수히 많다.

무엇보다, 원하지 않는 사람에게 재량노동을 밀어 붙여서는 안 된다. 거절한 사람이 불리한 평가를 받아서는 안 되는 것도 당연하다.

일하는 방법을 자유롭게 하기 위해서는 각각의 직장에서 당사자와 서로 잘 이야기를 나누어, 개개의 일의 달성 목표를 정할 필요가 있다.

그 달성도가 평가로 이어지는 만큼, 평가제도를 투명하게 하여 불만이 있는 경우는 그것을 반영하는 구조가 필요하다.

재량노동은 직장의 문화마저 변화시키는 것이다. 운용을 잘 하면 일의 성과가 오르고 의욕도 높아진다. 역으로, 일하는 사람들의 납득을 얻지 못하면 성공하지 못할 것이다.

설령, 법률에 의거한 노사위원회가 생겼다고 해도 잘 기능하기 위해서는 노동조합의 뒷받침이 불가결하다.

재량노동제를 받아들이는 기업은 노동기준 감독서에 신고하게 되어 있다. 그 대상자를 확대한다 해도, 기업의 규모나 노조의 유무 등을 고려하여 실시를 인정한다, 라는 자세가 요구될 것이다.

그 경우, 튼튼한 노조를 갖고 노사가 평소부터 숨김없이 서로 대화할 수 있는 그런 기업에서부터 단계를 밟는 신중함이 있었으면 좋겠다.

4년 전부터 사실상의 재량노동을 폭넓게 확대한 富士通은 지금도 재검토를 계속하고 있지만 과제는 끝이 없다고 한다.

8. 진료 차트 공개
– 의무화로 의료에 신뢰를

환자의 7할이 자신의 진료 차트를 「보고 싶다」고 생각하고 있다. 건강보험 조합 연합회에 의한 의식 조사의 결과이다.

자신에 관해서 어떤 것이 쓰여 있는지 누구라도 신경이 쓰인다. 그것을 읽는 것은 의료에 관한 기본적 인권이다, 라는 생각이 국제적인 상식이 되었다.

세계의사회는 1995년, 인도네시아에서 총회에서「환자의 권리에 관한 리스본 선언」에「정보에 관한 권리」의 항목을 더해 이렇게 기술하고 있다.

「환자는 자기의 모든 의료 기록에 적혀진 정보의 제공을 받을 권리를 갖는다」

세계보건기관(WHO)도 94년의「환자의 권리 촉진에 관한 선언」에서 같은 권리를 명확히 내세웠다.

일본에서도 후생성의「진료 차트 등의 진료 정보의 활용에 관한 검토회」의 논의가 최종 단계를 맞이하고 있다. 검토회는 작년 7월부터 공개로 개최되고 있어, 일반 시민이 직접, 혹은 편지나 인터넷으로 의견을 말할 기회도 마련했다. 국제적으로 통용되는 법제화를 향한 제언을 기대하고 싶다.

진료 차트 공개에 소극적인 사람들 중에는,「암 환자가 진료 차트를 읽고 비관하여, 자살하면 곤란하다」,「정신병 환자가 읽으면, 트러블의 원인이 된다」라는 소리가 있다.

이러한 의견에 대해서, 위원인 埼玉県立 암센타 · 武田文和 총장은 검토회 자리에서「그것은 쓸데없는 걱정」이라고 말했다.

동 센터에서는 5년 전부터, 진료 기록, 간호 기록, 검사 결과 등을 철한 진료 차트를 휴대용 봉투에 넣어 환자에게 건네주고, 원내를 이동할 때에 가지고 오도록 했다.

「진료 차트에 적힌 정보는 환자의 것. 가지고 오는 도중에 읽어도 지장은 없다」고 하는 직원의 제안에서였다. 의사의 극히 일부가 반대였지만,「읽혀서는 안 될 기재가 있다고 하면, 이것이 계기로 개선을 촉구하게 된다」라는 의견이 나와 결국, 전원이 찬성했다.

환자들은「읽어 보고 주치의나 간호사로부터의 설명에 거짓은 없음을 알게되어, 묘한 안심감이 있었다」라는 등으로 평판은 좋고, 불만은 전혀 없다고 한다.

역시 위원인 국립정신 · 신경센터의 高橋清久 총장도, 경험에서 정신과 환자를 특별 취급하는 것에 반대했다.

「자기결정권을 존중하는 것으로 환자의 치료 참가가 진전된다. 누군가가 본다라는 자각에서 진료 차트에 대한 기재가 정확하게 되고, 의료의 질도 향상된다. 정보를 공유하는 것으로 신뢰 관계가 깊어진다」라고 高橋 씨는 말했다.

진료차트를 공개하는 방향에 대해서는 검토회의 의견은 거의 일치하고 있는 것 같다. 다만, 좌장인 森島昭夫上智 대학교수가 제시한 법제화안에는, 위원 중에서 다른 의견이 나왔다.

「진료 차트는 남에게 보이는 것을 전제로 해서 쓰여지고 있지 않다」,「제대로 된 진료 차트를 쓸 수 있는 조건이 갖추어지고 나서 법제화해야 한다」라는 그런 주장이다.

이것은, 환자의 입장에서는 이해하기 어려운 논의이다.

진료 기록은 의사법이나 의료법으로 정해진 문서이다. 팀 의료가 중시되는 시대에「타인이 볼 것을 예상하고 있지 않은 진료 차트」는 있어서는 안 되는 것이다.

외래의 대기 시간에 환자가 자신의 진료 차트를 자유롭게 읽을 수 있다. 창구에서 복사도 해 준다. 그런 의료기관이 아직 수는 적지만 나오기 시작하고 있다. 그곳에서는 환자의 신뢰가 깊어지고 있다는 사실을 소중히 했으면 한다.

법제화로 공개를 의무사항으로 하는 기반은 갖추어졌다고 말할 수 있는 것이 아닐까?

9. 국민연금
– 재원논의에 착수하다

연금 보험료는 2천만 명 약간 넘는 수가 낼 터인데, 납부를 거부하거나 체납하거나 경제적 이유로 납입을 면제받거나 하고 있는 사람이 3분의 1 이상 있다.

자영업자들을 대상으로 하는 국민연금의 심각한 상황이 총무청의 행정 감찰에서도 확인되어 총무청은 후생성에 개선책을 권고했다.

대충의 줄거리에 있어서 당연한 내용이라고 말할 수 있다. 행정 감찰로서는 너무 늦었을 정도이다.

즉시 재검토해야 할 것은 1991년도부터 국민연금에 대한 가입이 의무화된 20세 이상의 학생보험료이다.

20세가 되기 전에 병이나 사고로 장애를 떠 안은 경우에는, 20세 이후, 평생에 걸쳐 장애 연금이 나온다. 그렇지만 20세가 되고 나서부터라면, 국민연금에 가입해 있지 않으면, 장애연금이 나오지 않는다. 그 결함을 메운다는 것이 가입을 의무로 한 이유였다.

금년도는 1인당 월 1만 3천 3백 엔의 보험료를 내지 않으면 안 된다. 그렇지만, 총무청의 행정 감찰에 따르면, 대상 학생의 반수 이상이 보험료를 내고 있지 않다. 내고 있는 학생도 93%는 부모가 부담하고 있다.

학생의 대부분은 수입이 없다. 대개는 부모에게 청구가 돌아간다.

그렇지 않아도 교육비가 드는 때다.「연금보험료까지 낼 여유가 없다」라고 납입을 거부하는 부모가 많다.「차라리 우리도 연금에서 빠지고 싶다」라고 하여, 가족 모두가 국민연금에서 탈락하는 예도 있다.

수입이 없는 학생에게 기계적으로 보험료의 지불 의무를 부과한다고 하는 제도 그 자체에 정책상의 오류가 있다라고 밖에 할 수 없다. 99년도의 제도 개정으로 꼭 개선해야 한다.

　재학 중에는 일률적으로 보험료의 납입을 유예하고 졸업 후에 수년 간 걸쳐서 내게한다는 권고의 안은 검토할 만하다. 장애연금의 수급권을 부여하는 것이 목적이라면 그에 알맞은 저액 보험료에 머물게 하는 방법도 있다.

　학생의 보험료 문제는 공동화의 한 측면에 지나지 않는다. 애당초 대상자의 3분의 1이 보험료를 내고 있지 않다는 국민연금의 현 상태 그 자체가 매우 중요하다.

　권고는 보험료의 납입률을 올리는 방책을 몇 개인가 제시했다. 국민건강보험의 보험료와 함께 징수하거나, 기초연금번호와 주민기본대장을 대조하여 미가입자를 철저히 밝혀내어 독촉하거나 하는 것이라는 것이다.

　이것들의 일정한 효과는 기대할 수 있을 것이다. 그러나 제도가 안고 있는 근본적인 문제에 칼을 대지 않고 보험료의 납입률을 올리는 노력을 계속해도, 그를 위한 사무비 쪽이 오히려 커질 우려도 있다.

　공동화의 원인으로서 빠뜨릴 수 없는 것은 국민 사이에 확대되는 연금불신과, 보험료가 소득에 관계없는 정액제이고, 게다가 매년 인상되어 부담감이 늘고 있는 것이다.

　노후 생활의 최저 수준을 지탱하는 연금은 확실히 지급된다. 그런 미래상을 국민에게 제시하는 것이 신뢰 회복에는 빠뜨릴 수 없다.

　동시에, 보험료의 상승을 억제하여 부담감을 누그러뜨릴 필요도 있다.

　이 두 가지의 상반되는 과제를 해결하려고 한다면 연금재원의 국고 부담 비율을 높이는 일이 피해 지날 수 없는 것이 아닐까?

　노후에 지급되는 기초연금의 재원은 3분의 1이 국고 부담이고, 3분의 2는 보험료이다. 지난번의 개정을 심의한 94년의 국회에서 국고 부담 비율을 인상할지 어떨지는 99년 개정까지의 숙제로 판단된다.

　재정 상황은 빠듯하여 국고 부담 비율을 금방 인상하는 것은 어렵다. 그러나, 소비세의 취급을 포함하여, 사회보장과 그 부담의 문제를 진지하게 생각해야 할 때라고 생각한다.

10. 디지털시대
– 시민사회로의 활용이야말로

　TV방송은, 디지털화에 의해 채널 수를 비약적으로 늘려, 품질이 높은 영상을 내보낼 수 있게 되었다. 그러나 그런 것 치고 디지털화의 은혜가 국민에게 미치고 있다고는 생각할 수 없다.

통신위성(CS)은 디지털기술을 다채널화에 활용하여, 현재 두 개의 회사를 통해 약 260채널이 방송되고 있다.

방송위성(BS)도, 2000년 쯤부터 현재의 아날로그 방송에 새로운 채널이 가세해, 하이비전과 같은 정밀도가 높은 디지털 방송을 내보낼 예정이다.

위성방송을 뒤쫓아가는 것처럼, 텔레비전 탑으로부터 전파를 내보내는 일반적인 지상파나 유선을 이용하는 케이블 텔레비전(CATV)도 디지털화를 진행하기로 하고 있다.

특히, 지상파에 관해서는 2003년부터 본 방송을 시작하여, 2010년을 목표로 지금의 아날로그 방송을 없앤다. 우정성의 지상 디지털 방송 간담회의 중간 보고서에서 제시된 것은 이와 같은 방향이다.

그러나 디지털화가 진행되는 속에서 확대되어 가는 방송 자원을 어떻게 국민에게 도움이 되는 것으로 할 것인가? 어떻게 하여 「공공복지에 적합」(방송법 제 1조)하게 해 갈 것인가라는 논의는 거의 이루어지지 않고 있다.

세계의 각지에서 생활하고 있던 일본인이 귀국하여 놀라는 것은 다른 나라라면 배제되는 성묘사나 폭력장면 등이 브라운관을 통하여 거리낌없이 들어오는 것일 것이다.

이대로 디지털화가 진행되어 일어나는 일은 이와 같은 종류의 「TV 문화」의 확산 뿐이라는 것이 되지 않을까?

행정기관의 정보 공개나 의회의 공개, 장애자나 노인의 생활 원조, 지역의 정보 교환이나 연대감의 향상, 시민의 문화나 운동의 소개, 일본에서 생활하는 외국인에 대한 지원, 사회 교육이나 평생 교육…. TV의 용도는 얼마든지 있다.

미국에서는 새롭게 CATV가 생기자 지역의 시민이나 교육기관, 지방자치단체에 채널을 개방하고 있다. 그 결과 민간의 비영리조직(NPO) 등이 중심이 되어, 시민이 여러 가지 정보를 자유롭게 발언하는 기회가 확대되고 있다.

일본에서도 지역이나 교육, 복지에 관련된 방송은 시작되었다. 하지만 시민사회를 성숙시키는 수단으로서 TV 방송을 활용하는 시도는 아직 부족하다.

이러한 기운이 국민 사이에 고조되면 「방송 비지니스의 진흥」에 정신을 빼앗기고 있는 우정성이나, 시청률에 웃었다 울었다 하고 있는 기존의 방송사 등의 자세에도 변화를 기대할 수 있는 것이 아닐까?

또한, 방송의 질을 높여 가기 위해서는 적어도, 아이들에게 보이고 싶지 않은 장면을 시청자의 선택이 작용하기 어려운 무료방송으로부터는 배제하는 그런 구조가 필요하다.

미국에서는 정부가 방송 내용에 직접 간섭한 경우, 「언론의 자유」에 저촉될 우려가 있기 때문에 독립된 행정기관인 연방통신위원회(FCC)가 방송의 품위를 유지하기 위한 규제를 하고 있다.

우정성이 TV 방송의 인허가권을 한 손에 쥔다고 하는 일본의 구조도 근본부터 다시 생각할 시기에 와 있다.

디지털화는 방송의 빅뱅이라고 일컬어지는 큰 변화를 가져온다. 국민적인 논의가 필요하지만, 현실에는 이를 서두르는 우정성의 방침이 선행되고 있는 것처럼 보인다.

디지털화로 가는 입구에 서는 지금이야말로 전파는 국민의 자원이라고 하는 원점으로 되돌아가, 방송의 본연의 모습을 생각할 좋은 기회가 아닐까?

11. 「만드는 모임」교과서
– 과거와 대화하는 역사를

「새로운 역사 교과서」가 서점에 진열되고 있습니다. 읽어 보고「그다지 심하지 않지 않나? 라고 느꼈다」고 하는 당신과, 생각했으면 합니다.

검정으로 많은 수정이 이루어진 결과, 그런 인상이 되었는지도 모릅니다. 그렇지만 우리들은 이 교과서는 교실에서 사용하는 데에는 적합하지 않다고 생각합니다.

교과서 머리말에 이렇게 써 있습니다.「사람에 따라, 민족에 따라, 시대에 따라, 사고방식이나 느끼는 방법이 각각 전혀 달라서, 이것이 사실이라고 간단하게 하나의 사실을 뚜렷하게 그려내는 일은 어렵다」

무한하게 존재하는 사실 속에서 무엇을 선택하느냐로 여러 가지 색의 역사를 짜낼 수 있습니다. 유일하고 절대적인 역사 같은 것은 있을 수 없을 깃입니다.

하지만, 한올 한올의 실이 사실인지 어떤지의 음미가 없다면 역사라고 하는 직물은 환상의 이야기가 됩니다. 이 교과서에는, 사실이 아닌 실이 섞여 있습니다. 예를 들면, 쇼오와천황은 제 124대라고 기술되어 있습니다. 실재하지 않은 천황도 포함시킨 숫자입니다.

「역사를 자유로운 얽매임이 없는 눈으로 바라보고, 수많은 관찰을 거듭하여, 차분하게 사실을 확인하도록 하자」라고도 써 있습니다.

과연 종래의 교과서가 다양한 견해를 충분히 소개했는지를 다시 검토할 필요는 있습니다.

교과서 만들기의 선두에 선「새로운 역사 교과서를 만드는 모임」은, 타사의 교과서를 폭동 등 민주의 저항만 취급하고 있다고 비판해 왔습니다.

그러나 그 결과 만들어진 교과서는「수많은 견해」는커녕, 시종, 위에서 바라보는 시점으로 관철되어 있습니다.

「역사에 선악을 적용하여, 현재의 도덕으로 심판하는 재판의 장으로 하는 일도 멈춥시다」라고 필자는 씁니다. 하지만 그것은 과거를 면책하는 변명에 지나지 않습니다.

옛 사람의 생각을 가치판단 없이 그저 전달하는 것이 역사 교육일까요? 역사에서 배운다는 것은 과거의 잘못을 알고, 그 교훈을 살리는 힘을 기르는 것이 아닐까요?

장래가 불투명하고 자신을 잃기 쉬운 지금,「자국에 긍지를 가질 수 있는 교과서를」이라는 구호에 끌리는 사람은 적지 않을지도 모릅니다. 그러나「일본인이 일본의 역사를 칭찬해 무엇이 나쁘냐」고 위협조로 태도를 바꿔보았자, 불안이 치유되지는 않을 것입니다.

그 전쟁으로 엄청난 수의 국민이 어쩔 수 없이 목숨을 버릴 수밖에 없었다. 아시아 여러 나라에 침입해 들어가 커다란 참화를 여기저기에 불러 일으켰다. 그것은 왜인가! 대답을 찾는 일은「일본인 자신의 자기회복」(만드는 모임의 西尾幹二 회장)에 있어서도 빼놓을 수 없으리라 생각합니다.

이 지구에서는 어느 나라도 한나라로는 살아갈 수 없습니다. 미래를 짊어질 세대는 과거와, 그리고 다른 나라들과 대화를 거듭하는 일이 중요하지 않겠습니까? 그것을 촉구하는 것이 교과서였으면 좋겠다고 생각합니다.

그리고 교과서를 생각하는 일을, 다음 세대에 무엇을 부탁하고 싶은 것인지 서로 이야기하는 계기로 삼고 싶습니다.

12. 서점버블
– 거리의 문화가 사라진다

「책방」이라고 불리는 거리의 작은 서점이, 최근 계속해서 사라져 간다.

「40년 정도 함께 했던 역전 상점가의 책방이 작년 말에 폐업했다. 고등학생이 누드사진을 실은 주간지를 사러 왔다. 가게주인은 크게 뭐라고 하며 쫓아 돌려 보냈다. 개성과 따스함도 있었다. 길모퉁이에서 문화의 등불을 계속 켜 왔다. 그「책방」이 이 시대의 파도에 지워져 없어져 간다. 정말로 안타깝다」

이것은 본지(동경본사 발행)「목소리」에 실린 도쿄에 사는 독자 투고의 발췌이다.

작년 1년에 폐업한 책방은 전국에서 추정 1300점, 사상 최다가 되었다. 95년까지 거슬러 올라가면, 약 6400점이 지금까지 사라져 갔다는 계산이 된다.

괴로워 한숨 짓는 모습은 교외형 서점이나 시가지의 유력 서점도 마찬가지이다. 서점의 매출액에서 직접비를 뺀 이익률은 2할 정도. 같은 위탁 판매의 기성복 업종에 비교해도 싼 이자다. 손님이 줄고 채산이 맞을까말까 하는 곳까지 몰려있다.

에 비교해도 싼 이자다. 손님이 줄고 채산이 맞을까말까 하는 곳까지 몰려있다.

작년 2월에는 近畿를 중심으로 28점포를 갖는 창업 120년의 대형 서점이 자기파산했다. 작년부터는 広前시의 今泉 본점과 水戸시의 鶴屋, 長野현의 矢島 서점 등, 오랜 전통있는 가게가 연이어 도산하고 있다.

이 배경에 있는 것도 버블현상이다. 80년대부터 편의점이 이 분야에 진출하고, 교외형 서점의 러시도 계속되었다. 90년대 중반부터는, 대형 서점의 출점이 진행된다.

출판물은 위탁 판매가 많고, 팔다 남으면 반품할 수 있다. 게다가 버블 붕괴로 지가가 내려갔다. 94년에는 대규모 소매점포법 운용기준이 완화되었다. 이런 조건이 한바퀴 늦은「서점버블」을 나았다.

최근에는 신구서점이나 네트서점, 도서관, 만화찻집도 새로운 라이벌이다.

출판과학 연구회에 의하면, 작년의 출판물 판매액은 전년비로 2.6% 감소. 4년 연속 마이너스이다. 76년부터 25년 간에 서점의 매장 면적은 5배 가까이 증가했는데 매상고는 2배 정도밖에 신장되지 않았다. 매장은 넓어졌지만 작년의 책 반품률은 4할. 그 대부분은 파기될 운명에 있다.

책 좋아하는 사람들이 책방의 쇠퇴를 한탄하는 것은 단순한 회고취미가 아니다. 책 전문가로서의 지식, 안목을 아쉬워하는 것이다.

과연 대형 서점은 품목수야말로 풍부하다. 하지만 베테랑 점원은 정말로 적다. 찾는 책을 물어도 답은 컴퓨터 화면에밖에 나오지 않는다. 자신이 책을 깊이 사랑하고, 손님의 요구에 열의있게 대답해 주는 책방이 공연히 그리워지는 때이다.

책이라고 하는 문화와 독자와의 접점에 책방은 빼놓을 수 없는 존재가 아니겠는가?

이런 시대의 추세에서 여전히 건투하는 서점 주인도 각지에 소수이지만 있다. 중개회사 위탁배본에 의존하지 않고 출판사나 대리점을 돌며 자력으로 책을 사들여 개성적인 책을 갖추고 있다. 주변 가게와 손을 잡고 자기 가게에 없는 책도 구매자에게 소개하기도 한다.

우선은 책을 좋아하는 사람은 이런 서점을 구분하여 지지해 가는 수밖에 없을 것이다.

중요구문

중요한자

ア	医師(의사)	一律(일률)	**ウ**
安易(안이)	異質(이질)	一定(일정)	有無(유무)
	依存(의존)	逸話(일화)	運用(운용)
イ	委託(수탁)	医療(의료)	
育成(육성)	一翼(일익)	院内(원내)	**エ**

衛星(위성)

映像(영상)

営利(영리)

駅前(역전)

遠隔(원격)

円滑(원활)

演説(연설)

オ

欧州(구주)

大幅(대폭)

織物(직물)

恩恵(은혜)

温暖化(온난화)

カ

外貨(외화)

解雇(해고)

懐古(회고)

解消(해소)

改善(개선)

介入(개입)

回復(회복)

開放(개방)

解約(해약)

外来(외래)

拡散(확산)

過剰(과잉)

合併(합병)

加入(가입)

過半数(과반수)

歓迎(환영)

看護(간호)

勧告(권고)

監察(감찰)

患者(환자)

干渉(간섭)

緩和(온화)

キ

機運(기운)

企画(기획)

機構(기강)

記載(기재)

規制(규제)

既存(기존)

基盤(기반)

救援(구원)

吸収(흡수)

強化(강화)

教訓(교훈)

業者(업자)

教授(교수)

業種(업종)

行政(행정)

競争(경쟁)

協調(협조)

協定(협정)

業務(업무)

共有(공유)

巨額(거액)

漁業(어업)

曲折(곡절)

許認可(인허가)

拒否(거부)

規律(규율)

疑惑(의혹)

金銭(금전)

吟味(음미)

ク

空洞化(공동화)

組合(조합)

ケ

欠陥(결함)

下落(하락)

原因(원인)

限界(한계)

現状(현황)

牽制(견제)

原則(원칙)

検定(검정)

原点(원점)

限度(한도)

健闘(건투)

現場(현장)

厳密(엄밀)

言論(언론)

コ

郊外(교외)

好機(호기)

公共(공공)

高原(고원)

行使(행사)

向上(향상)

公正(공정)

交代(교대)

口頭(구두)

項目(항목)

効率(효율)

考慮(고려)

小型(소형)

克服(극복)

個性(개성)

国境(국경)

国庫(국고)

根本(근본)

サ

災害(재해)

債権(채권)

財源(재원)

採算(채산)

財政(재정)

最多(최다)

裁断(재단)

最低(최저)

財閥(재벌)

裁判(재판)

再編(재편)

債務(채무)

裁量(재량)

詐欺(사기)

作業(작업)

削減(삭감)

座長(좌장)

早急(조급)

惨禍(참화)

残業(잔업)

シ

自営業者(자영업자)

自衛隊(자위대)

指揮(지휘)

支給(지급)

資源(자원)

自己(자기)

施行(시행)

指示(지시)

自主(자주)

史上(사상)

姿勢(자세)

事前(사전)

失業(실업)

実行(실행)

実効(실효)

実施(실시)	人権(인권)	増員(증원)	**ツ**
実質(실질)	振興(진흥)	総会(총회)	通過(통과)
実績(실적)	深刻(심각)	総長(총장)	通告(통고)
司法(사법)	人材(인재)	争点(쟁점)	通産省(통산성)
弱肉強食(약육강식)	診察(진찰)	双方(쌍방)	通用(통용)
集会(집회)	迅速(신속)	総務(총무)	
従業員(종업원)	慎重(신중)	祖国(조국)	**テ**
修習(수습)	人道(인도)	訴訟(소송)	低額(저액)
修正(수정)	尋問(심문)	措置(조치)	定額(정액)
収入(수입)	陣容(진용)	損害(손해)	提供(제공)
就任(취임)	信頼(신뢰)	尊重(존중)	提言(제언)
従来(종래)	審理(심리)		抵抗(저항)
受給(수급)		**タ**	提唱(제창)
主治医(주치의)	**ス**	代替(대체)	程度(정도)
主題(주제)	推進(추진)	台帳(대장)	適合(적합)
出店(출점)	衰退(쇠퇴)	滞納(체납)	適正(적정)
出版(출판)	推定(추정)	代表(대표)	停戦(정전)
障害(장해)		大量(대량)	的確(적확)
生涯(생애)	**セ**	打開(타개)	天皇(천황)
少額(소액)	成果(성과)	妥協(타협)	電波(전파)
上官(상관)	請求(청구)	拓殖(탁식)	転覆(전복)
消極的(소극적)	性急(성급)	他社(타사)	店舗(점포)
上告(상고)	税金(세금)	達成(달성)	
上司(상사)	政局(정국)	脱落(탈락)	**ト**
常識(상식)	成熟(성숙)	妥当(타당)	投稿(투고)
上昇(상승)	正当(정당)	段階(단계)	統合(통합)
肖像(초상)	席上(석상)	炭素(탄소)	倒産(도산)
所管(소관)	責務(책무)	担保(담보)	統制(통제)
書記(서기)	是正(시정)		投入(투입)
職員(직원)	世代(세대)	**チ**	導入(도입)
職場(직장)	接点(접점)	地上波(지상파)	特使(특사)
諸国(제국)	先頭(선두)	中枢(중추)	読者(독자)
書店(서점)	善悪(선악)	調査(조사)	督促(독촉)
所得(소득)	宣言(선언)	徴収(징수)	独立(독립)
書面(서면)	前提(전제)	挑戦(도전)	土地(토지)
真価(진가)		賃金(임금)	途中(도중)
神経(신경)	**ソ**		

ナ
内需(내수)
納得(납득)

ニ
日常(일상)

ノ
納入(납입)

ハ
把握(파악)
廃業(폐업)
背景(배경)
排出(배출)
排除(배제)
賠償(배상)
配分(배분)
配慮(배려)
薄利(박리)
破産(파산)
破綻(파탄)
発揮(발휘)
発信(발신)
抜粋(발췌)
発動(발동)
発砲(발포)
判決(판정)
半数(반수)
反応(반응)

ヒ
悲観(비관)
庇護(비호)
筆者(필자)
飛躍(비약)
描写(묘사)

評判(평판)
品位(품위)

フ
不況(불황)
不信(불신)
物資(물자)
不当(부당)
不透明(불투명)
部門(부문)
分析(분석)
紛争(분쟁)

ヘ
変更(변경)
弁論(변론)

ホ
防衛(방위)
崩壊(붕괴)
包括(포괄)
報告(보고)
方策(방책)
防止(방지)
法制化(법제화)
報復(보복)
保護(보호)
補助(보조)
保障(보장)
保全(보전)
発足(발족)

ミ
民事(민사)
民族(민족)

ム

無限(무한)
無秩序(무질서)

メ
免除(면제)
免責(면책)
面積(면적)

ユ
唯一(유일)
有効(유효)
融通(융통)
猶予(유예)

ヨ
要求(요구)
要件(요건)
預金(예금)
余裕(여유)

ラ
拉致(납치)

リ
利害(이해)
離脱(이탈)
立案(입안)
立法(입법)

レ
連合(연합)
連帯(연대)
連動(연동)
連邦(연방)

ロ
老後(노후)

労使(노사)
労組(노조)
労働(노동)
労務(노무)

ワ
和解(화해)

저자약력

모세종

· 전주고등학교 졸업
· 한국외국어대학교 일본어과 졸업
· 고려대학교 민족문화연구소 강사
· 일본 정부 국비장학생으로 일본 유학
· 쯔꾸바대학원 박사과정 문예 · 언어연구과 일본어학 전공
· 언어학 박사(일본어학 · 문법전공:과정 1호)
· 인하대학교 일어일문과 교수

주요저서

·「모박사와 함께하는 일본어 여행 I · II」
·「모세종 일본어 I · II · III」
·「朝日신문사설 일본어」
· 일본어연구총서5「新日本語学의 理解」Ⅶ.현대어의 문법
·「일본을 도마위에 올려놓고」

일본 최고의 신문을 읽는다

朝日 신문사설 일본어 독해 · 청해

초판발행	2002년 3월 2일
1판 9쇄	2020년 6월 5일
저자	모세종
책임 편집	서대종, 정은영, 조은형, 무라야마 도시오
펴낸이	엄태상
마케팅	이승욱, 전한나, 왕성석, 노원준
온라인 마케팅	김마선, 조인선
경영지원	마정인, 최성훈, 정다운, 김다미, 전태준, 오희연
물류	정종진, 윤덕현, 양희은, 신승진
펴낸곳	시사일본어사(시사북스)
주소	서울시 종로구 자하문로 300 시사빌딩
주문 및 교재 문의	1588-1582
팩스	(0502)987-9592
홈페이지	www.sisabooks.com
이메일	book_japanese@sisadream.com
등록일자	1977년 12월 24일
등록번호	제300 - 1977 - 31호

ISBN 978-89-402-0409-2 18730